才能が目覚める
フォトリーディング®
速読術

ラーニング・ストラテジーズ社公認
フォトリーディング®シニアインストラクター
山口佐貴子

宝島社

はじめに——才能を目覚めさせたいあなたへ

「仕事のスピードやパフォーマンスを上げたい！」

「どんな時代になっても、代わりのきかない人材になりたい」

「本を速く読めるようになりたい」

「いまの自分からは考えられないくらい、大きく飛躍したい！」

「自分の才能を開花させたい！」


私のもとには、日々、さまざまな悩みが寄せられます。

仕事のパフォーマンスを上げたり、才能をどんどん磨いていくための方法はたくさんあります。私自身も、25年間経営者をしながら、スキルをアップさせたり、自分の才能を伸ばすために、じつにさまざまなメソッドに触れてきました。

そんななかで、私が出合い、もっとも感銘を受けたのが、「フォトリーディング」というツールでした。**フォトリーディングとは、ひと言でいえば、10倍の速度で本**

を読めるようになるメソッドです。

当時は経営者として、日々必死に働いていた時期。業務に追われ、何事もスピーディーに結果を出せる自分になりたかったのです。ところが、私は本を読むのが大の苦手。1冊読むにも数日かかり、せっかく読み終えても、何が書いてあったのか覚えていない……。

そんな自分を変えたくてフォトリーディングをマスターすることにしました。

その結果、マスターした当日から、1冊30分以内で読めるようになり、続けていくうちに、経営面でも、日々の仕事面でも、驚くほど大きな結果を残せるようになりました。

これは予想外だったのですが、**本を速く読めるようになっただけでなく、仕事への考え方や行動、発想力、アイデアを形にしていくプロセス、経営のあり方など、ありとあらゆることが変わった**のです。まさに「才能が目覚めた！」のでした。

「私自身が実感したこの感動を、たくさんの人に伝えて、人々の眠っている才能を目覚めさせたい！」

そんな思いから、私はフォトリーディングのメソッドを教えるインストラクターになりました。

フォトリーディングは、アメリカのポール・R・シーリィ博士により1985年に開発された情報処理術・速読術です。約30カ国で講座が開催され、世界中で※100万人以上、日本では※4万5000人以上が実践しています。

2001年にフォトリーディングが日本に上陸してから、私は15年以上、10代から80代の5700名を超える人たちに、直接このメソッドを教えてきました。訪れる層は、会社員、経営者、公務員、医者、作家、オリンピック金メダリストなどの専門家から、専業主婦や転職活動中の社会人など、本当にさまざまです。

現在は海外からも依頼を受け、現地でインストラクターを務めています。

フォトリーディングをマスターした人たちから、日々たくさんの成果報告をいただくのですが、たとえばごく一部をあげると、最近ではこんな報告を受けました。

※2017年7月現在

●合格率10％台の資格に3カ月の勉強で合格した
●東京大学大学院に合格した
●受講後1カ月で起業できた
●初著作を出版でき、いまや累計350万部のベストセラー作家に
●会社の業績が対前年比、経常利益が5倍になった
●70代にならないと取れないといわれている芸術の賞を30代で受賞できた

私自身も体験してきたように、フォトリーディングは、**本をただ速く読めるようになるだけのツールでなく、才能を目覚めさせ、人生を大きく変えるメソッド**になっていったのです。

15年間を通して、私が直接教えてきた参加者の多くが、人生が180度変わるほど大化けしていき、現在、私は世界で最初のフォトリーディングシニアインストラクターとして活動しています。

本書は、私が出会ってきた大化けする人たちの法則・共通点を洗い出し、フォトリー

ディングを通じて、人生を大化けさせてきた人たちの考え方や方法を、誰でも実践できるようにまとめた本です。

フォトリーディングをマスターしてから、現在、仕事、自分ブランディング、起業、経営、芸術、出版、受験など……、実際に多方面で活躍している人たちへのインタビューも交えて、どんなときにどんな考え方をすればいいのか、どんな行動を起こせばいいのか、フォトリーディングをどう使えばいいのかを、あますことなく紹介しています。フォトリーディングを知っている人も、そうでない人も、すぐに生かせる内容ばかりです。

一度しかない人生です。最大限、あなたの可能性を広げませんか?

本書が、あなたの才能を目覚めさせるヒントになりますように。

２０１７年7月　山口佐貴子

PhotoReading® およびフォトリーディング®は米国ラーニング・ストラテジーズ社の登録商標です。

Contents

才能が目覚める フォトリーディング速読術

もくじ

2 フォトリーディングの5つのステップ

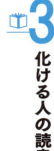

5 化ける人の仕事術

6 化ける人のコミュニケーション術

7 化ける人の発想術

8 化ける人の自分ブランディング術

デザイン・DTP・イラスト　石山沙蘭
編集協力　星野友絵（silas consulting）
小齋希美（silas consulting）

1

フォトリーディングでこんなことができるようになる！

フォトリーディングを身につけると、実際にどのようなことができるようになるのでしょうか。例をあげながら順に解説していきましょう。

01 1冊20～30分程度で読めるようになる

フォトリーディングができるようになると、まず大きいのは、**本を読む時間がぐっと短縮する**という点です。一般的なビジネス書なら、速い人で1冊20～30分で読めるようになります。メモを取る場合でも、1冊あたり60～90分程度で読み終えられます。

02 専門書も無理なく読める

プロフェッショナルになるための専門書は、理解に時間がかかるもの。でも、フォトリーディングをすることで、ぐっと理解が深まります。フォトリーディングでは、すぐ忘れてしまう短期記憶ではなく、**長く記憶を保持できる長期記憶に本の内容を保存することができます。**この長期記憶に入れてから本を読むやり方をすると、脳のなかでは「その本は熟読済み」という扱いになり、ぐぐっとハードルが下がるのです。

03 プレゼンがうまくなる

「フォトリーディングをするようになったことでスキルアップした能力は何ですか?」と質問すると、「プレゼンがうまくなった」という答えがよく返ってきます。その理由としては、次のことが多いようです。

- **資料の精度が上がること**
- **フォトリーディングで長期記憶に入れた情報を、プレゼン時にするっと出せるようになること**
- **「みかん集中法」というやり方（34ページ参照）でリラックスした集中モードに入れるので、堂々とした話し方になること**

事前の情報収集で、押さえたいことを長期記憶に入れておくことで、驚くほど落ち着いた、説得力のあるプレゼンができるようになるのです。

04

仕事のスピードがアップする

フォトリーディングを身につけると、情報を処理するスピードが格段に上がります。

脳が活性化することが、大きな要因なのかもしれません。

「仕事のスピードが2倍になった」

「事務処理の時間が3分の1になった」

「商品開発の時間が5分の1になった」

このように、**倍速で仕事を片づけられる**ようになるケースが多くみられます。

05 キャリアアップや転職に生かせる

フォトリーディングをマスターした人たちからは、「社内の昇格試験に受かった」という報告をよく受けます。忙しい**毎日でも無理なく必要な勉強をこなせるようになるから**かもしれません。

昇格試験前には、まずは試験の参考資料すべてをフォトリーディングして、それから通勤時間、スキマ時間を使って勉強する人が多いですね。「忙しくて勉強時間が足りなかったかな」と思いつつテストを受けたのに、結果、受かっていたという声を、よくいただきます。

また、転職にも生かせます。これまでと異なる業種への転職を目指す場合は、フォトリーディングで集中してその業界の専門知識を詰め込みます。

レベルの高い会社に挑戦する際も、その会社や業界のウェブページ、新聞や雑誌記事などをフォトリーディングしておくと、短期間でも必要な知識を身につけておくことができます。

06 受験・資格試験の合格率をアップできる

私のもとには受験前の学生さんたちも多く訪れるのですが、よく耳にするのは「勉強のストレスが減った！」「勉強って楽しいものだったんだ！」「こんなに落ち着いて勉強ができるようになるとは思いませんでした！」という声です。

フォトリーディングを使って勉強すると、受験勉強や試験当日のストレスを、ぐっと減らすことができます。しっかり生かすことで、合格率もアップしている人が多いですね。

資格試験の場合でも、**合格率10%台であれば約3カ月、合格率が60〜70%台のものであれば、3〜4日の勉強で資格試験に合格**したというケースがよくみられます。

07 会社員から起業するきっかけになる

フォトリーディング習得をきっかけに起業した人はたくさんいます。

本書の90ページや138ページにも、起業した人の実例が紹介されています。

起業するには、もちろん会社員時代に実績をあげておくことも必要なのですが、「チャレンジしよう！」と思える勇気やきっかけがあるかどうかも、大きく関係しているように感じます。

実際に話を聞くと、「フォトリーディングの技術があれば大丈夫だという気がした」「大きな一歩を踏み出そうと思えた」といった話がよく出てきます。**「勇気ある一歩を踏み出したいけれど迷う……」という人には、フォトリーディングはおすすめのツール**です。

08 語学学習のスピードも上がる

フォトリーディングは、語学の習得時にも存分に生かすことができます。**語学学習の基本は、まず辞典をフォトリーディングすること**です。この場合、英和辞典でも和英辞典でも、なんでもOKです。

私たちは、学生時代にかなりの時間を投資して英語を勉強してきました。自分では「忘れた」と思っていても、過去に学んだ知識が長期記憶のなかに入っているので、辞典をフォトリーディングすることで、忘れていたものを思い出していくことができます。

TOEICの点数を上げるための方法も、辞典のフォトリーディングが基本です。そして資格取得同様にTOEICの教科書などもすべてフォトリーディングします。また、これも実践した人によく言われることなのですが、**辞典のフォトリーディングをしていると、なぜかリスニング能力も上がる**ようです。

ここで紹介したように、フォトリーディングは、ただ本を速く読めるようになるというだけでなく、「こんなことにまで関係があるの!?」というようなことにも生かすことができるツールです。

「この能力を高めたい」という分野があれば、ぜひ習得してみてください！

2

フォトリーディングの5つのステップ

フォトリーディング・ホール・マインド・システム（略してフォトリーディング）の５つのステップをご紹介します。この５つを順に行うと、速読した本の内容も、長く記憶に定着させることもできるようになります。この章ではそのやり方を詳しく解説していきましょう。

フォトリーディング・ホール・マインド・システムの5つのステップの流れ

本章では、フォトリーディングの手法を学んでいきましょう。フォトリーディングは5つのステップで構成されています。

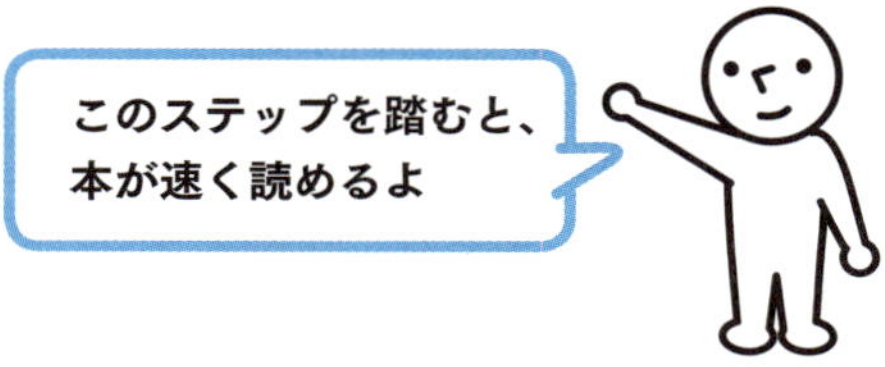

ステップ1　準備（1分）

まず最初に「本を読む目的」を明確に決めます。次に、リラックスして本を集中して読める状態になるための「みかん集中法」を行います。

ステップ2　予習（1分）

本の目次をチェックし、ステップ1でつくった「本を読む目的」に見合っている本かどうか？を見定めます。

ステップ3　フォトリーディング（300ページの本で5分程度）

「フォトフォーカス」（48ページ参照）という目の使い方で、本のページを2秒ごとにリズミカルにめくります。これをすることで、本の内容を、写真を撮るような感覚で潜在意識に映像として送り込みます。

ステップ4　復習（8分）

本の中身を簡単に調査し、著者が言おうとしている主旨を汲み取ります。次に、気になる言葉「トリガーワード」を抜き出します。そのあとに、その本を読むことで知りたい「質問」を数個つくります。

ステップ5　活性化（15～60分ほど）

ステップ3で潜在意識に入れた本の情報を、ステップ4でつくった質問を意識して読み、答えを得ます。「活性化」には3つの読み方があります。目的によって読み方を選ぶといいでしょう（詳しい解説は62ページに記載しています）。メモを取るなら60ページのマインドマップがおすすめです。

本書では、この5つのステップの総称を、略して「フォトリーディング」と呼んでいます

ステップ1

準備（1分）

ここでは、2つのことを行います。

・**本を読む目的決め**
・**みかん集中法**

ステップ1の「準備」にかける時間は約1分です。「本を読む目的」を決めてメモをします。次に、本を読むために最適な、リラックスしながらも集中した状態をつくり出す「みかん集中法」を行います。

この“準備”を
しっかり行うことで
読書の精度が上がる

最初に「本を読む目的を明確にする」ことが大切！

「本を読む目的」をはっきりさせることは、本を速く読むためにとても大切です。目的が明確なら、結果が得られたかどうかもはっきりとわかります。

ところが、**目的をもたずに読みはじめると、結果も得られずぼんやりしたまま読み終えることになります。**これではもったいないですね。

目的をはっきりさせる前に、こんな質問を自分に問いかけてみましょう。

脳が飛躍的に動き出す目的のつくり方

目的を設定するときには「私の○○のために必要な○○を得たい！」、すなわち「私の年収をアップさせるために、必要な行動を知りたい！」といったように心から望むものにしましょう。

心から望む「快」な目的をもって本を読むと、記憶にも残りやすくなりますし、脳もワクワクして、自然とアイデアも浮かびやすくなります。

「快」な目的のほうが
脳が働く

誰でもできる〝みかん集中法〟で集中モードをつくる

本を読むときには、焦って読むより、落ち着いて読んだほうが記憶に残りやすいもの。この落ち着いてリラックスした状態を「みかん集中法」というものがつくってくれます。集中＝緊張と考えている人がいますが、決してそうではありません。**じつは、集中＝リラックス**なのです。

リラックスして集中して成果があがる状態のことを「ゾーン状態」といいます。フォトリーディングをするときには、このゾーン状態になっているのが望ましく、慣れると**「みかん集中法」は、ほんの30秒ほどでゾーン状態になれます。**

みかん集中法は、次のように行います。

みかん集中法のやり方

1 椅子に深く腰掛けて座り、リラックスして目を閉じましょう。数回、深呼吸をします。

2 手の平の上に、〝みかん〟がひとつあるとイメージします。

3 みかんの重さ、大きさ、色、形を確認します。次に皮をむき、香りを楽しみながら食べることをイメージしてください。さぁ、どんな香りがしましたか？ どんな味がしましたか？

4 次に、あなたの手の平の上に、新しいみかんがひとつのっていることをイメージしてみてください。色、形、味、香り、すべてにおいて、あなたが完璧だと思えるみかんです。

5 そのみかんを後頭部の斜め上、15〜20センチぐらいの好きな位置に置きます。手を離しても、みかんはずっとそこにあります。

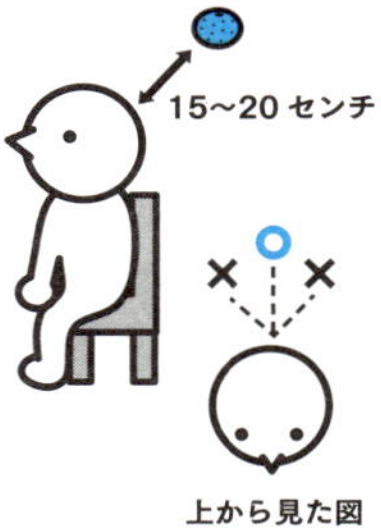

6 みかんの位置に意識を集中させます。

7 顔や肩の力を抜いて、リラックスしながら、何度か深呼吸を続けましょう。
これでみかん集中法は完了です。

ステップ2 予習（1分）

ステップ2の「予習」では、次のことを行います。

- **目次や著者プロフィールをチェックする**
- **読み進めるか、読むのをやめるかを決める**

●目次をチェックして、読みたくなるか？　ならないか？　を感じよう

まず、目の前の本があなたの役に立ってくれるかどうかを確かめていきます。
目次はその本の内容が凝縮されています。

チェックしてみて「これはいける！」「読みたい！」といった気持ちがあるかを確かめます。仕事でかならず読まなければならない本であったり、学校の教科書や資格取得のための基本書でなければ、読むのをやめても、困ることはありません。もっと読む気持ちが高まる別の本を選び直せばいいのです。

目次を見て「読みたい！」と思ったら、ステップ3に進みます。「うーん？」と迷うようであれば読むのをやめるか、もっと楽しく読めそうな本に変更してください。

では読みたくないけれど、読まなくてはならないときはどうすればいいでしょうか。たとえば、仕事上必要だけれど、本当は読みたくないという本や難しい資格取得のための本などです。そんなときは、ステップ1に戻って、読む目的を変えましょう。

最初に設定した「読む目的」では、脳はやる気になってくれなかったということですから、それを改善します。その本を読みたくなる目的をもう一度考え直し、楽しく本を読める状況をつくってください。

ステップ3

フォトリーディング（300ページの本で5分程度）

フォトリーディングとは情報処理術・速読勉強術で、「フォトフォーカス」という目の使い方をしながら、本を一定のスピードでめくっていく方法のことです（48〜50ページ参照）。これはみかん集中法でリラックスしながら行います。

フォトフォーカスの目で、2秒に1回、リズミカルに本をフォトリーディングしてページをめくり、かかれている内容を、潜在意識に送り込みます。本の内容を文章として意識して読むということでなく、本の内容を脳内に一気に高速でダウンロードしていくといったかんじです。

フォトリーディングは、まるで写真を撮るように、本のページを頭のな

かに写し取り、潜在意識に送り込む作業です。そのため、フォト（写真）リーディング（読み）と名づけられました。

潜在意識は長期記憶とつながっています。**フォトリーディングすることで、本の内容が、漏れなく長期記憶に保存されます。**

ですから、資格取得の試験のときなど、答えがほしいときにはいつでも記憶から取り出せるのです。フォトリーディングは、学生からシニア世代まで、年代も学力も問わずに誰にでもできる、読書法であり記憶保持法なのです。

フォトフォーカスして、
2秒に1回パラパラめくる

短期記憶と長期記憶

記憶には、短期記憶と長期記憶があります。

たとえば、「さっき名刺交換をしたばかりの人の役職やフルネームをもう忘れてしまっている」といった経験はありませんか？

これはまさに、短期記憶です。すぐに忘れてしまう記憶です。

一方、小学生のときに好きだった子の名前はどうでしょう？　過去に流行した大好きな歌を、いまでも口ずさめるということはありませんか？

これはまさに長期記憶です。時間がたってもずっと忘れずに覚えている記憶が、長期記憶です。

一般的に、文字や数字は短期記憶に格納されやすく、映像や写真、絵な

短期記憶
＝
すぐ忘れてしまう
記憶

長期記憶
＝
いつまでも
覚えている記憶

どは長期記憶に格納されやすいといわれています。

●フォトリーディングした内容は一気に長期記憶に入る

いままでの学校の勉強などでは、この短期記憶に格納されやすい言葉や数字などを、いかに長期記憶にもっていくかということに、誰もが苦労してきました。

ところが、フォトリーディングを使うと、それが一気に解消されるのです。「まるで夢のよう」「本当なんだろうか?」と思うかもしれません。それも当然です。この方法をとれば本の内容が長期記憶に格納できるとはいままで教えてもらってきていないからです。

学校の勉強では、努力して覚えていくということを要求されます。あなたにも、学校の勉強で苦労した経験があるのではないでしょうか。

でも、教科書や基本書などをフォトリーディングすると、その情報の保

存場所は、最初から長期記憶にもっていけるのです。
しかも**見開き2ページ分を、たった2秒で脳にダウンロードできます。**
それでテストのときに答えが脳からすんなり出てくる。
とても画期的なメソッドですよね。

●答えがすんなり出てくるのはまさに「快」そのもの

フォトリーディングがいかに資格取得や受験に効果的なのかは、フォトリーディングを活用して資格やテストを受けた人たちが証明してくれています。フォトリーディングを使って成果を出した人たちはみな、こんな表現をします。

「テストのとき、問題を読み、解答をかこうとすると、答えがつるっと脳から出てくるんです」

つるっと出るという表現からわかるように、記憶のなかからすんなり答えが出てくるということです。いままでにテスト中にそんな気持ちになったことはありますか？　そんなことになったらどんなにすごいことでしょう？

まさにこれは「快」な状態です。想像しただけでもワクワクしますね。

本を記憶するときの流れ
覚えたことを長期記憶に
保存しよう！
フォトリーディングすることで
覚えたことが長期記憶に保存される
答えは○○だ！
大事なときに
記憶から取り出せる

フォトリーディングのやり方

1 本の準備をする

2 本を読む目的の確認

3 深呼吸＆みかん集中法

4 はじめのアファーメーション注）

5 フォトリーディング（フォトフォーカスをし、本を約２秒ごとに１回めくる）

6 終わりのアファーメーション

注）アファーメーションとは「肯定的自己宣言」のこと。最高の成果を出すために、プラスの言葉を自分にかけることで、気持ちを整え、やる気も出せる。

ページをほぐしておく

カバーははずして

1 本の準備をする

フォトリーディングをスムーズに行うために、**事前に本のページをパラパラとほぐして、めくりやすくしておいてください。**本のカバーはめくるときに邪魔になるので、このときに外してしまいましょう。

2 本を読む目的の確認

ステップ１で決めた**「本を読む目的」を、フォトリーディングをする前にもう一度確認しましょう。**「○○の目的のためにフォトリーディングを行うのだ」と脳に刻んでおくためです。

ただ、フォトリーディングをしている最中には目的を忘れてしまいがちです。でも、それはいたって自然なことなので、目的を忘れたことは気にしないでください。

脳はあなたが思っているよりも何倍も賢いため、忘れてしまったと思っても、潜在意識ではしっかりと認識できていますので安心して続けてください。

3 深呼吸＆みかん集中法

まず最初に３回深呼吸をして、フォトリーディングを行うために最適な集中モードをつくります。大きく息を吸い込んで、いったんとめて、ゆっくりと吐き出していきます。

息を吸うときは、身体の隅々にまで新鮮な空気が行き渡るイメージで行いましょう。そして、息を吐き出すときには、身体のなかのいらないエネルギーも一緒に吐き出すように、ゆっくりと息を吐ききりましょう。

呼吸は、ゆっくり、ゆったりと行ってください。深呼吸すると、酸素が脳に送り込まれます。それによって、脳は活発に活動をはじめます。同時に、深くて安定したリラックス状態がやってきます。
深呼吸が終わったら、ステップ１で行ったみかん集中法を、ここでも行います。

4 はじめのアファーメーション

アファーメーションとは「肯定的自己宣言」のことです。どんなときでも最高の成果を出すためには、気持ちを整える必要があります。これは自分をさらにやる気にさせられるという効果があります。

アファーメーションは、フォトリーディングをはじめる前と終わったあとに行うため、「はじめのアファーメーション」「終わりのアファーメーション」といいます。声に出して言えない場所でも、心のなかで言うだけで同じ効果が得られます。

はじめのアファーメーション例

- **「私はフォトリーディングする間、完全に集中しています」**
- **「私が、フォトリーディングする情報は、私の脳に写し取られ、いくらでも生かすことができます」**

自分が自分に宣言をすることで集中力が持続し、脳の働きを活発化できます。この「はじめのアファーメーション」は、好きな言葉にアレンジしてもかまいません。

5 フォトリーディング（フォトフォーカスをし、本をめくること）

人は意識しなくても、自然に２種類の目の使い方をして生活しています。何かに焦点を合わせて文字を読む目と、**焦点を合わせずに絵や写真、景色などを見る目**です。

文章を読むときは、一言一句、焦点を合わせて見ないと読めませんが、絵や写真を眺めるときは、一点に焦点を合わせるというより、その全体を見ています。この全体を見る目の使い方のことを**「フォトフォーカス」といいます。**

フォトフォーカスの仕方

フォトフォーカスが誰でも簡単にできる方法を教えましょう。
まず何か焦点の的になるものを用意します。

ここではペットボトルにしておきます。本を開いて手にもったときに、本の上のほうからペットボトルのふたを見ます。これで､本の上に焦点がない状態をつくることができます。すると、本の文字がぼやけて見えるはずです。
これが、正しくフォトフォーカスできている状態です。

これにより、脳は本の文字情報を顕在意識ではなく、写真や絵のように画像処理として潜在意識で受け取ることになります。

フォトフォーカスができているかの確認

Ａ４の紙を用意します。それを横長にした状態で、真ん中で折ります。折り目の上に、黒い太線をかきます。その紙を本と見立ててフォトフォーカスをすると、１本しかない線が２本に見えませんか？　線が２本に見えたら大成功です！　この状態をブリップページと言います。もし２本に見えなくても大丈夫です。フォトフォーカスに慣れてくると２本に見えてきますし、見えなくても効果に変わりはないので安心してください。

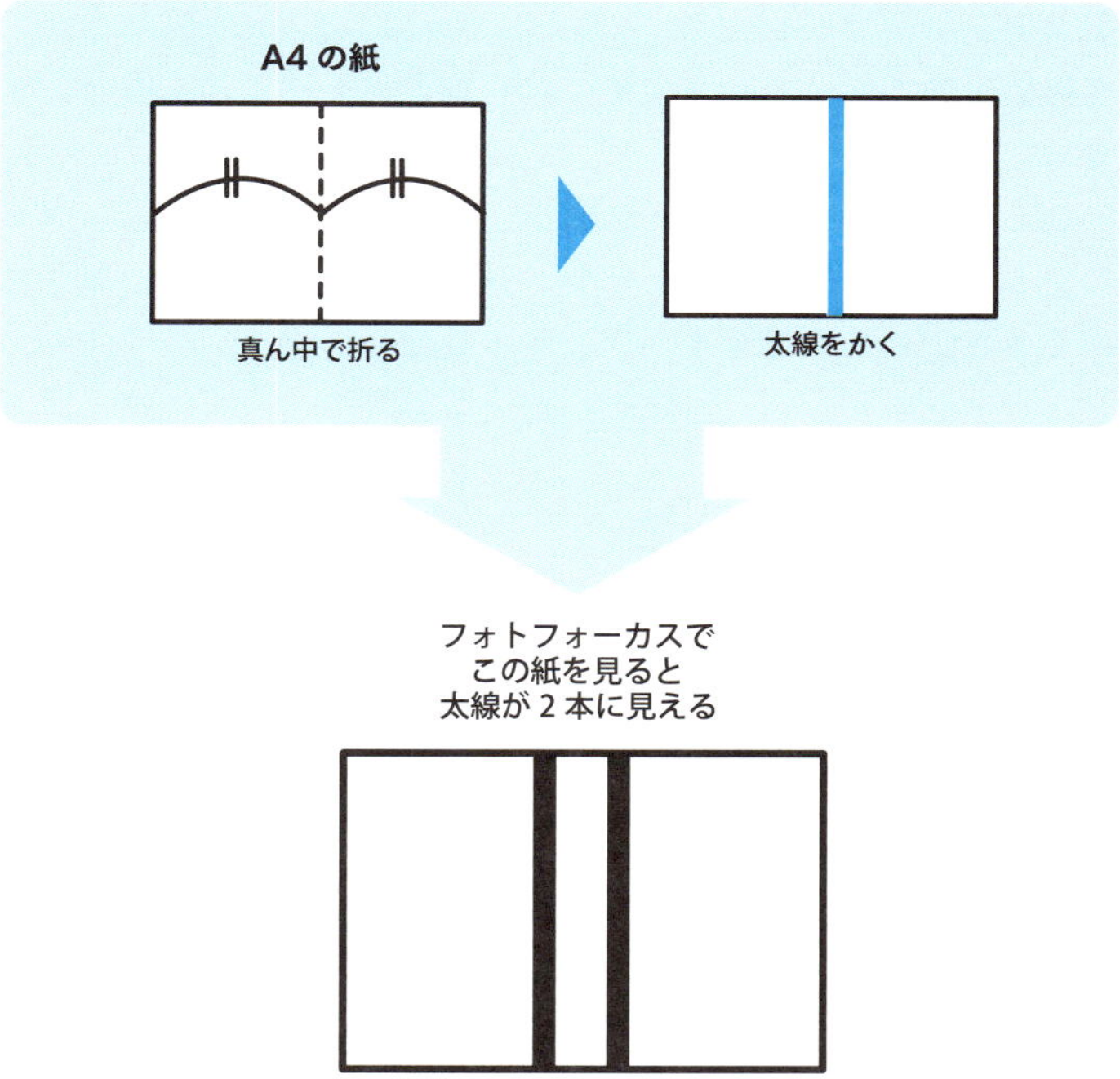

本の持ち方、めくり方

本の持ち方は自由です。あなたが一番ラクな方法で、リラックスして行ってください。

ページのめくり方も自由なので、めくりやすい方法を選びましょう。リズミカルにめくるとき、1、2ページほど飛ばしてしまったとしても、気にせずにそのままフォトリーディングを続けて大丈夫です。本をめくるときのリズムは、2秒に1回のペースが標準です。

ページを安定してめくるために

2秒に1回くらいのペースで、ページをめくるリズム感がおすすめです。

そのときに「リー♪　ラックス♪　リー♪　ラックス♪　ペースを♪　保って♪　ページを♪　見ましょう♪」と言いながらめくると、リズム感をキープしやすいでしょう。

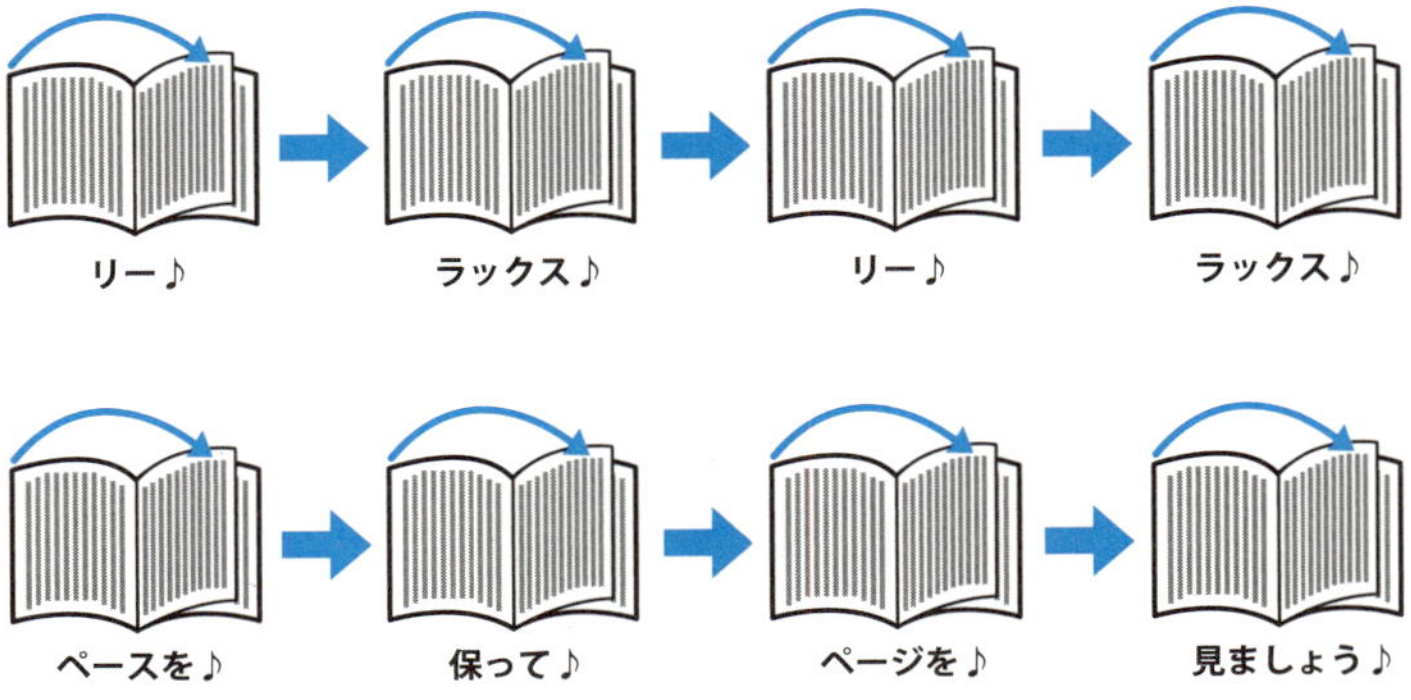

6 終わりのアファーメーション

フォトリーディングが終了したら、本の内容を完全に潜在意識にセットするために、「終わりのアファーメーション」をします。

終わりのアファーメーション例

「私がフォトリーディングした内容は、私の脳にまるごと保存され、いつでも使えます」

アファーメーションをアレンジするときのコツ

自分で工夫してアファーメーションをつくるときのコツは３つあります。

1 主語を入れる　「私は……」「私が……」

2 肯定的な言葉を使い、否定的な言葉は使わない

×「わからないことはないと思う」

○「すべてすんなり解くことができる」

3 現在形で話す

×「できたらいいのにな」→ ○「できます」

はじめと終わりのアファーメーションはオプションです。忘れても結果が出ないわけではありませんので、安心してください。

ステップ4

復習（8分）

あなたは興味がある人がいるとき、その人にいろいろと聞いてみたくなりませんか？　好きな食べものや、趣味、いつも考えていることなど……。人とコミュニケーションを深めたいときには、質問が自然と生まれてきますね。

質問することは、本を読むことにも生かすことができます。

本を通して著者とのコミュニケーションを深め、いまのあなたに一番必要な答えを得られたらうれしくありませんか？

そのためには**本に質問を投げかける**ことです。

フォトリーディングでは、本に対して意図的に質問をつくります。

慣れていない人でも、ちょっとしたコツを押さえると驚くほどいい質問をつくることができるのです。

フォトリーディングした本の内容が保存されている場所は、脳の長期記憶の場所（潜在意識の領域）です。本に質問を投げかけると、潜在意識に保存された本の情報から、質問の答えを探し出してきます。

質問を投げかけてから読むと、答えになる言葉がぱっと目に入ってきやすいのです。

ステップ4は次の3つの構成でできています。

1 調査
2 トリガーワード出し
3 質問づくり

この3つのなかで、とくに重要なものは質問づくりです。よい質問を

することで、よりはっきりした答えを得ることができます。

よい質問をつくるために、調査とトリガーワード出しがあります。

1「調査」（約2分半）

著者が読者に読んでほしい本の**強調ポイントなどにさっと目を通して、その本が全体としてどんな内容なのかをつかみます。**

調査に使う時間は約2分半です。時間は足りないくらいでちょうどいいのです。

ここは読み込むことが目的ではありません。**いい質問をつくるための情報がざっくりつかめれば十分**です。速いスピードで行います。

この調査は、好きでよく知っている著者の本の場合には、最低限の情報を把握しているはずなので省いても大丈夫です。

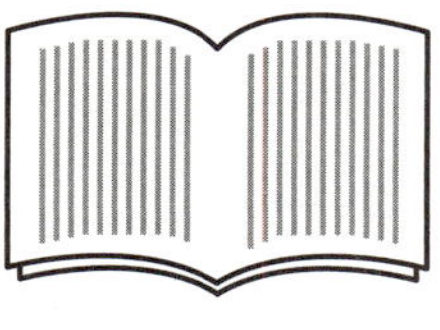

調査は、目次の一部や本の最初のページ、文中の下線字・太字・図表など、本の最後のページをさらっと目を通すだけでいい

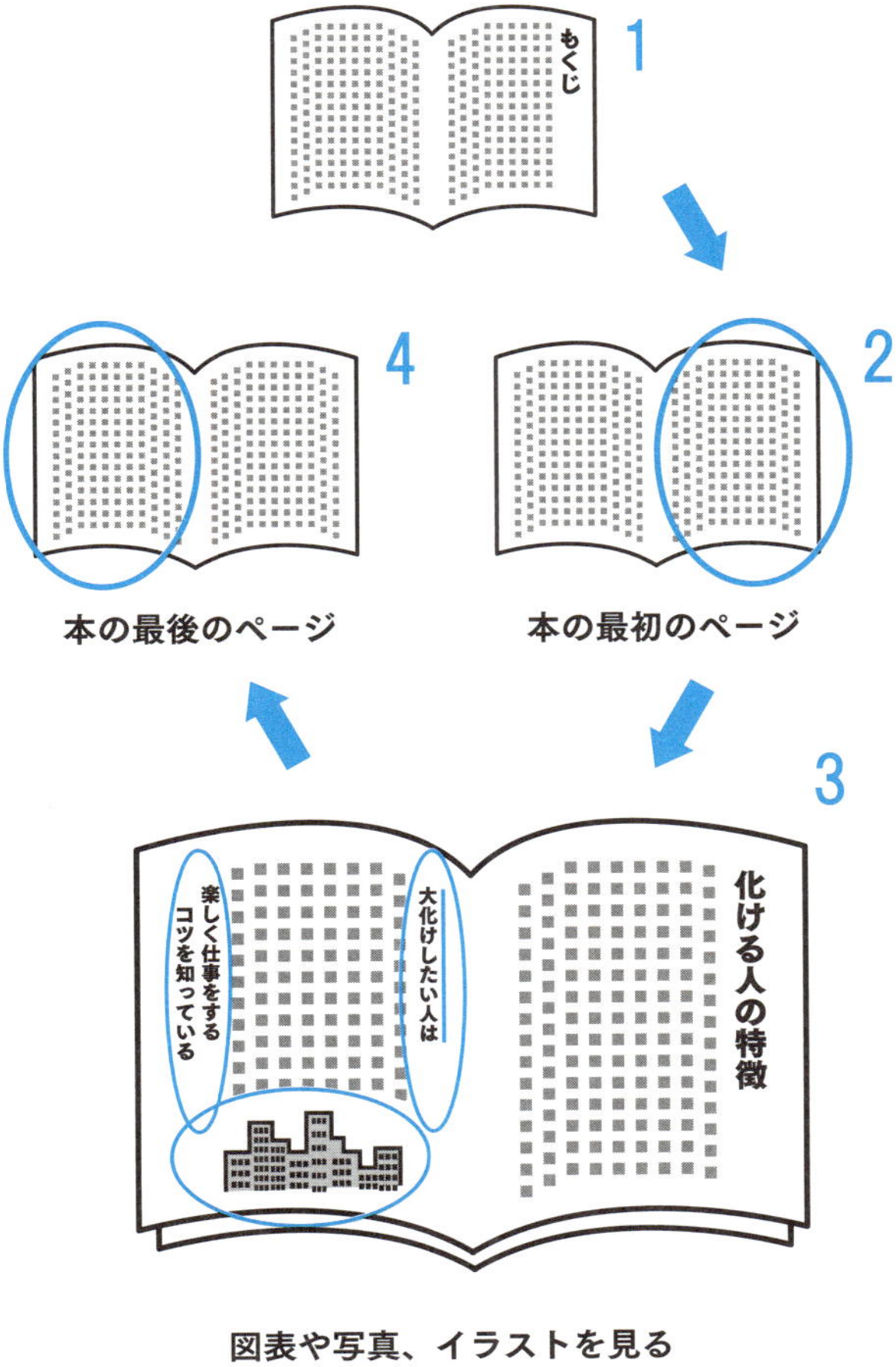

2　トリガーワード出し（約2分半）

トリガーとは引き金のことです。トリガーワードとは、「その本のなかで、重要なポイントの言葉」という意味です。

このステップでは、トリガーワードを文中から20個ほど抜き出しましょう。抜き出し方は簡単で、遊びのように楽しみながら行うのがおすすめです。

- **本を約20ページごとに、ざっくり、ざっくりとめくる**
- **目に飛び込んできた言葉、目にとまった言葉を抜き出してメモをする**

遊び感覚でいいので、頭で考えずに直感で「これ！」というワードを選びましょう。トリガーワードは次に解説する質問づくりの際のヒントに使ってもいいですし、使わなくてもかまいません。

「何かひとつでも質問づくりに生かせるワードが見つかれば楽しいよ

トリガーワード出しは
1冊につき20個程度で十分

ね！」といった気軽なかんじで行いましょう。

3 質問づくり（約3分）

その本の著者が、もしあなたの目の前にいて、「いまからあなたのために1時間設けました。著者の私に聞きたいことはありますか？　何を聞いてもいいですよ。一生懸命答えますから」と言われたとイメージしてみてください。

滅多にないチャンスです。そんなとき、あなたはどんなことを聞いてみたいですか？　著者に聞いてみたいことが「質問」になります。

ポイントは遠慮しないで、著者に本当に聞きたいことをストレートに聞いてみることです。

具体的な質問を投げたほうが
本から答えが見つかる

質問のつくり方のコツ

質問は、次のステップ5の「活性化」に大きく影響します。ステップ5では、実際に文字を追いながら本を読んでいきますが、ここでの質問次第で、読むために必要な時間も変わってくるからです。

質問の内容によって、読んだほうがいい箇所と、飛ばしていい箇所に分けられます。質問をはっきりさせて、読むべきところとそうでないところを明確にすることで、読むスピードもアップしますし、本当に知りたいことがしっかり頭に入るようにもなります。

・質問には主語を入れる
・シンプルにわかりやすくつくる
・「この答えが得られたらワクワクする！」と思える質問にする
・抜き出したトリガーワードのなかでとくに気になる言葉があれば、その言葉を使って質問をつくるのも◎（無理に使わなくてもＯＫ）

「私が〇〇できるようになる方法を教えて」といったように、脳が答えを探しやすい質問にしてください。「なんでもいいから教えて」といった質問のつくり方ではあいまいになってしまい、脳が答えを探しにくくなってしまいます。

生産的な休息をとる

ここで生産的な休息を5分〜24時間ほどとりましょう。目的をもってステップ3のフォトリーディングで脳に情報を送り込み、質問もつくりました。ステップ5（実際に本を読む）の前に、生産的な休息をとります。作業を続けるより生産的な休息をとるほうが、脳がリフレッシュされ、次のステップにうまく取りかかれます。

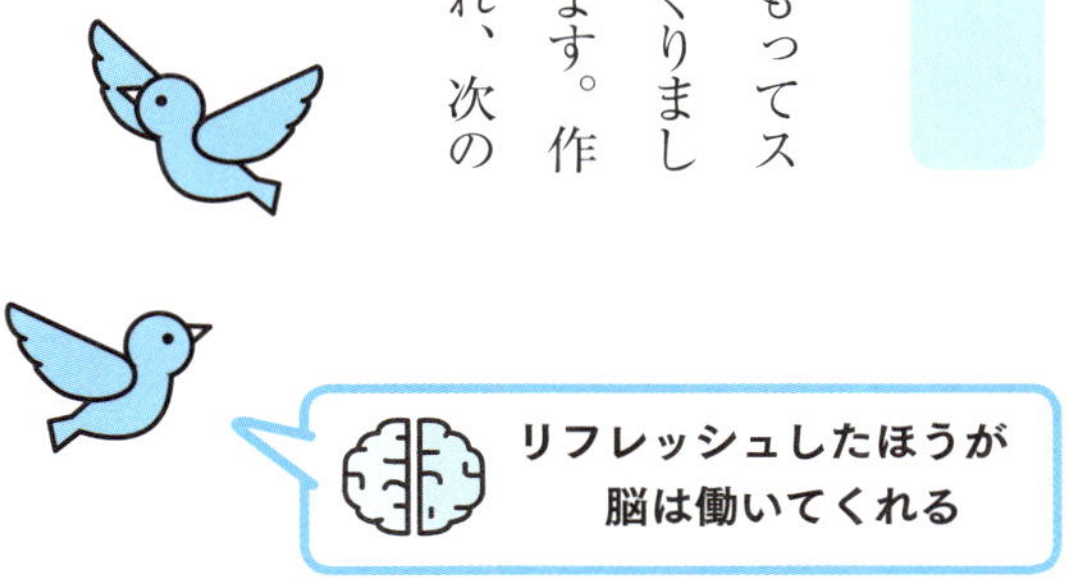

マインドマップ®とは

ステップ5で質問の答えをメモしておく場合には、マインドマップを使うといいでしょう。**マインドマップとは、中央から放射状にかいていく、メモの取り方のこと**です。

これは脳のシナプスの広がり方にも形状が似ていて、記憶として脳に残りやすい手法で、本の内容を憶えるのにも適しています。

また、フォトリーディングした本のメモをマインドマップで取ると、要点を絞ってまとめることができます。かいた内容も一目でわかり、テストなどで**内容を思い出したいときにも、頭のなかから情報をすっと取り出せます。**

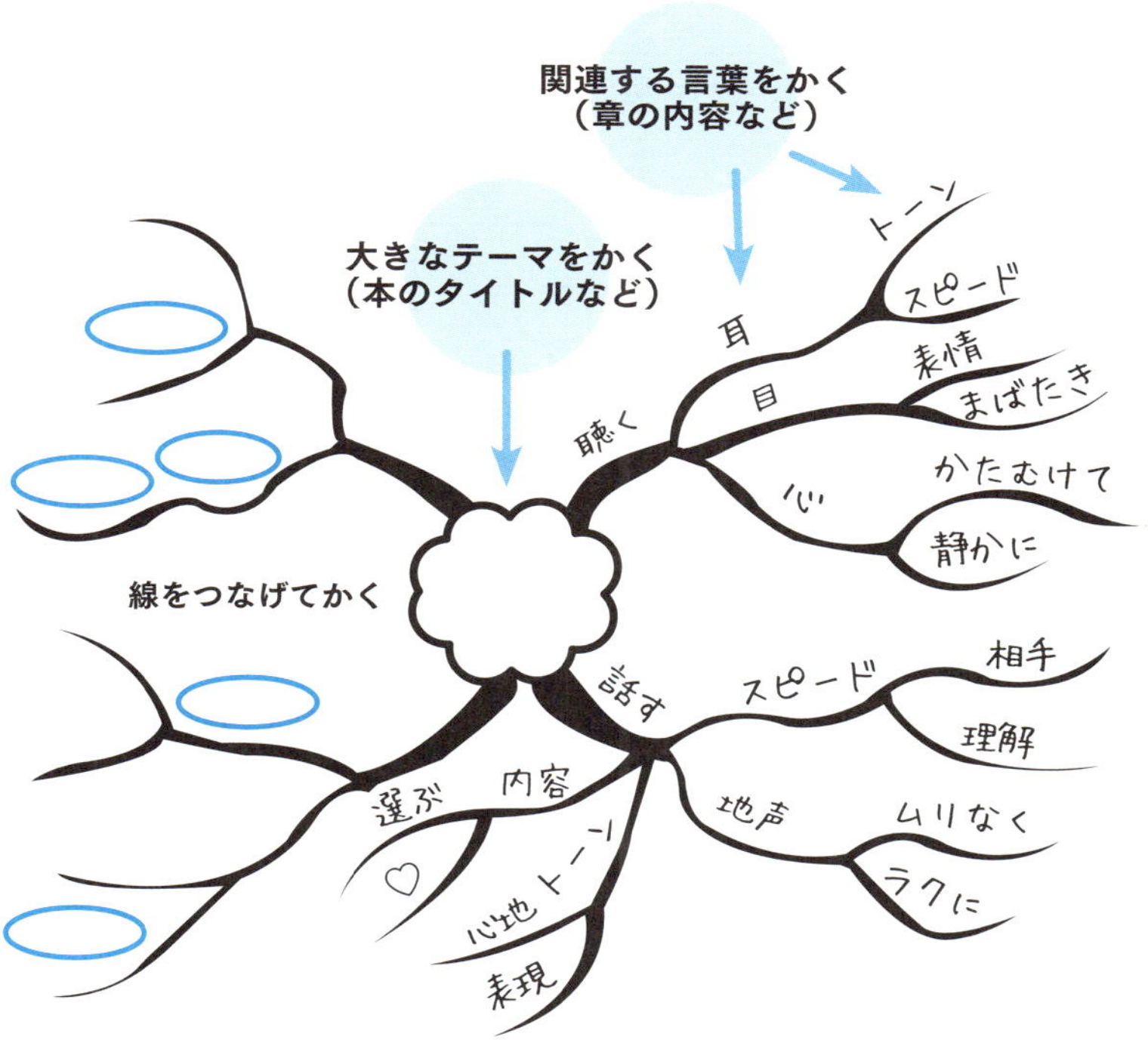

＊マインドマップは英国のトニー・ブザン氏が開発したノート法で、世界中で愛用者がいます。MindMap®およびマインドマップ®はBuzan Organisation Limitedの登録商標です。

ステップ5

活性化（15分〜60分ほど）

お待たせしました！　ステップ5では、これまでのステップのなかで潜在意識に格納した本の情報を活性化させ、文章を読んでいきます。

ステップ5では、文字を追いながら読んでいくので、ここでようやく本の内容が明らかになっていきます。

ステップ1から4までに約15分の時間がかかります（生産的休息は除く）。ステップ5の「活性化」に必要な時間は、あなたがどのくらいその本の内容を必要としているかによって、自分で決めましょう。

「3分間で自分の意見をうまく伝えるために」という動機でプレゼンの本を読む場合には、かならず押さえたいポイント部分だけを読めばいいので、

その本を読む目的によって
“活性化”の時間は異なる

20〜30分程度でも十分かもしれません。

資格取得や試験などの対策では、重要な箇所がたくさんありますから、2〜3時間かけるケースも多くあります。

一般的なビジネス書などは、**本のなかで本当に重要な事柄が書かれているのは文章中のわずか4〜11％にすぎない**といわれています。

「このことを解決したい！」という質問の答えだけを得られたらいいのであれば、すべてをくまなく読む必要はありません。この場合、単語だけ拾いながら読んでいく「スキタリング」文章を部分的に読む「スーパーリーディング＆ディッピング」（66〜68ページ参照）という方法が適しています。

それだけでも十分、本にかかれている重要事項はつかむことができます。

試験で高得点を取るために本のすべてを知りたいという場合には、全体を高速で読む「高速リーディング」（69ページ参照）が適しています。必要に応じて自分で選んでください。

試験のとき
＝
高速リーディング

解決したい問題の答えを知りたいとき
＝
スキタリング or スーパーリーディング＆ディッピング

活性化の流れ

「活性化」の流れは次のようになっています。

1　左記の3つの読み方から必要に応じて選ぶ
「スーパーリーディング&ディッピング」
「スキタリング」
「高速リーディング」

2　マインドマップでメモを取る

読みながら大切だと思える言葉をメモとして残したいときには、マインドマップでメモを取ることをおすすめします。フォトリーディングとマインドマップは、顕在意識と潜在意識を両方使う本の読み方、メモの取り方で、とても相性がいいのです。

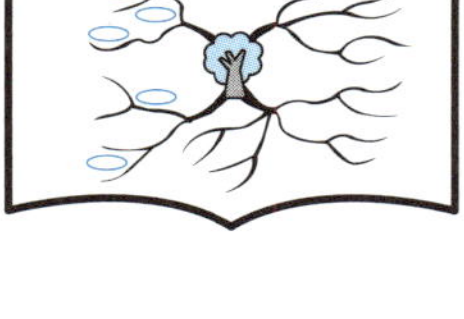

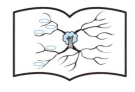

試験のための教科書、基本書をマインドマップで残しておくと、長く記憶しておくのにとても有効です。試験のときに答えを思い出しやすくもなるので、合否に大きく影響します。

次ページでは、スーパーリーディング&ディッピングとスキタリングの読み方を紹介します。

スーパーリーディング＆ディッピング

スーパーリーディングとディッピングはセットで行うと思ってください。まずは、スーパーリーディングの方法を解説します。

文章の中央の部分を指でなぞっていきます。指のスピードは、1ページで約4~8秒です。わざわざなぞるのは、目的と質問の答えではない場所は読まずに、答えだと思う部分だけピックアップして読んでいくためです。

指を1ページ約4~8秒のペースで走らせる理由は、スピードが速いほうが、この本の内容が入っている潜在意識にアクセスしやすくなるからです。潜在意識は顕在意識に比べて、情報の処理能力が20~100倍速いといわれています。こうすることで、高速で指を走らせて、顕在意識で考え

指を使って
1ページ4~8秒の
ペースで文をなぞる

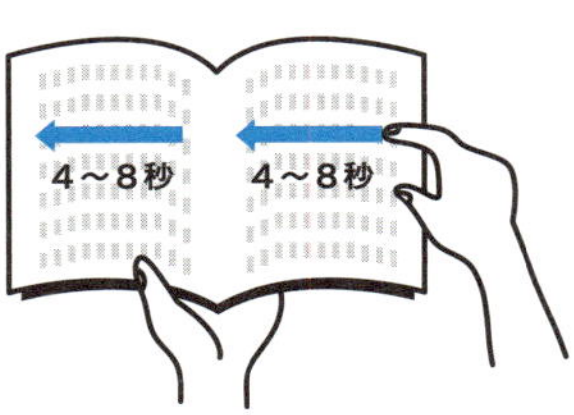

すぎずに潜在意識に入れた本の情報のなかから、すばやく目的や質問の答えとなる部分をピックアップすることができます。

そして、指の動きにとらわれずに、目を自由に動かしていきます。文章の中央をなぞっている指を目で追うのではありません。すると、**ふと気になる言葉が目に飛び込んできたり、文章中の言葉が目にとまったりします。その言葉から読んでいきましょう。これをディッピングといいます。**

ふと目にとまる言葉こそ、潜在意識からのメッセージで、「そこに質問の答えがありますよ」「ヒントとなる言葉がありますよ」ということを示しています。目にとまった言葉から2～6行ぐらいを、文字を追って読みます。ひとつ読み終わったら、また指を1ページ4～8秒のスピードで走らせて、次にディッピングする箇所を探していきます。

この方法で大切なのは、ずるずると何ページも読まないということです。

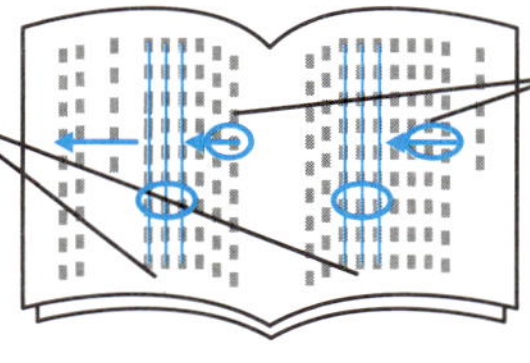
2～6行を読む
これを
ディッピング
という
ディッピングするところを
見つけるために
スーパーリーディングで
リズムをとる

スキタリング

スキタリングは、あめんぼのダンスと呼ばれ、池の表面をあめんぼのようにスイスイとダンスをするように、言葉を拾い読んでいく方法です。**最初に見出しを読みます。次に段落の最初の一文か二文を読みます。**引き続き段落中の言葉にすばやく目を走らせ、**気になる言葉やヒントになりそうな言葉、質問の答えそのものを探して読み進めます。**そして段落の最後の文章も読んで、その段落全体を理解します。

スキタリングはスーパーリーディング&ディッピングに比べて、より文章を詳細に読んでいくことができます。

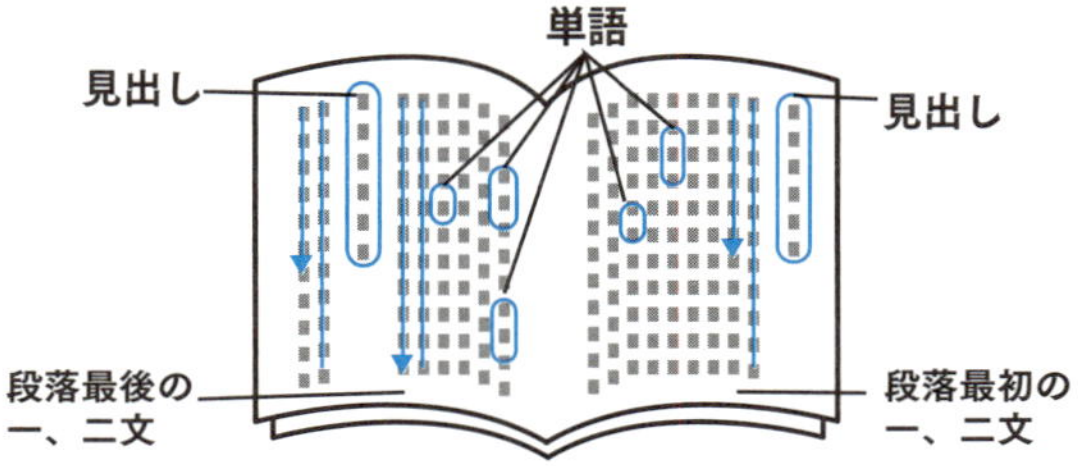

高速リーディング

資格取得の基本書や、専門書、重要な書類など、中身をすべて知る必要がある場合には、この高速リーディングを使います。

内容をすべて読んでいくので、勉強をする際には、これが一番使いやすく、意味もわかります。「すべて読む」といっても、もうすでに知っている内容の部分については飛ばしてもいいですし、さらっと読んでもいいです。

意味がわかりにくい箇所は、スピードを落としてでも意味がわかるように読んでください。新しい知識は、そうやって記憶に定着させていきます。

そしてまた意味がわかる箇所にきたらスピードを上げましょう。

このようにして、文章を全体的に高速で読み進めていきます。

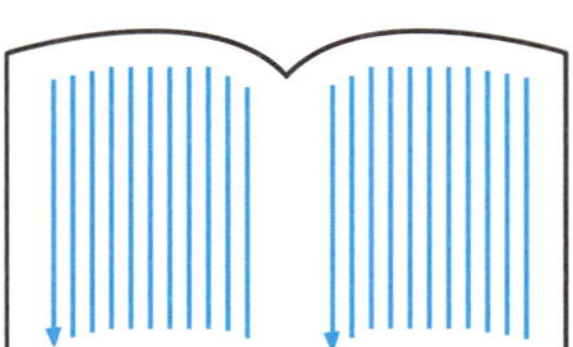

質問の答えの見つけ方

活性化のための3つの読み方、「スーパーリーディング&ディッピング」「スキタリング」「高速リーディング」のいずれかの方法で、質問の答えは見つけることができたと思います。**活性化を行いながら、とくに覚えておきたい大切だと思う箇所は、メモを取るようにすると、あとから思い出しやすくなります。**もしも、質問の答えが得られないという場合は、次のことを振り返りましょう。

その本を読む目的が、やる気のスイッチが入る「快」な目的設定になっていたでしょうか？　「じつはあまり読みたくないんだ」と思う場合なら、なおさら、読みたくなるような「快」な目的をつくる必要があります。脳

は「快」、つまり楽しいことがないと、自発的に動いてくれません。

あるいは、質問のつくり方があいまいではありませんか？　質問の答えがわかったら、うれしくて、すぐ行動に移したくなるような質問になっているでしょうか？

そうでない場合は、もう一度質問をつくり直すか、質問を追加しましょう。これが、フォトリーディングのやり方です。これまで紹介してきた手順を参考にしながら、ぜひ取り組んでみてください。

明確な質問をつくると、明確な答えが得られるよ

3

化ける人の読書術

本章からは、フォトリーディングをマスターした人たちへのインタビューを通して、化ける人たちの法則・行動の仕方について解説していきます。

本章は、読書術をテーマに、読書を習慣化することで得られる変化、身につきやすい取り入れ方について、紹介していきましょう。

読書で人生を変える

社員全員の読書の習慣化で生産性がアップ

社員40名を抱えるIT会社経営　柳町正樹さん

PROFILE

1972年生まれ。愛知県出身。株式会社リプラス代表取締役。全国10拠点をもつ データ復旧会社。ご両親が教師だったこともあり、人を育てることに軸を置いた社員教育を行っている。

読書は、マネジメント力を培うことや、部下の教育に生かすこともできます。柳町正樹さんが代表を務める株式会社リプラスでは、社員教育にフォトリーディングを用いるというユニークな試みをしています。

もともとは、人から勧められて興味をもち、フォトリーディングを習得することにした柳町さん。実際に身につけてからは、実生活にどんどん生かせる使えるツールだと実感し、社員教育に取り入れることを思いついたそうです。

その後、リプラスの全社員がフォトリーディングを身につけ、朝礼に取り入れることに。現在は、週に1回、全拠点をスカイプでつなぎ、「フォトリーディング朝礼」を実施しています。

簡単な朝礼後に、全社員が各自好きな本を選び、約30～45分間集中してフォトリーディングに取り組む。そして、終わったら、各自2人組になり、作成したマインドマップを見せあい、学びをアウトプットシェアする。さらに、全拠点をスカイプでつなぎ、リーダーが指名して社員さん2、3名に1分間で本の内容について発表をしてもらう。この流れで行っています。

「フォトリーディング朝礼」をすることで、毎月3～6冊、**全社員が確実に本を読むという習慣が身につき、内容をまとめる力、考える力、スピーチ力が着実に磨かれている**とのこと。では、フォトリーディング初心者の人たちが、具体的にどのように変化していったのでしょうか。

本章では、柳町さんをはじめ、社員のみなさんが無理なく実践している読書術を探ってみます。

リーダーの言いたいことを本を通して伝える

本を通して自分で考えるクセも身につく

会社を経営しながら多忙を極める柳町さんは、以前は1冊の読書に、とても時間がかかっていたと言います。自身がフォトリーディングを身につけたことで、どんな変化が起きたのでしょうか。

「いままでは、細部まで読み込まなければ……というスタンスで読書をしていました。でも、その方法では『時間がかかる』『飽きる』『途中で諦めてしまう』という悪循環に陥りやすく、読書に対してどこか抵抗感を抱くように……。

フォトリーディングをはじめてからは、気軽に本の情報を脳にインプットできるようになり、格段にラクになりました。限界を決めているのは、じつは自分の脳なんだということがわかって、雷に打たれたような衝撃を受けました」

フォトリーディングを社員育成に生かすことに、どんな意図があったのでしょうか。

「私は、社長が考えていることは、格好つけずに素直に社員に伝えることが大事だと思っています。でも、社長が自分の考えを隅々まで部下に伝えるのはとても難しいこと。社員のみなさんに、たくさん本を読んでもらって、いろいろな考え方があることを知ってもらいます。私の言っていることも理解してもらいやすくなったのではないかと感じています」

社長の言っていることが正しいことなのだと、本を通して伝えることができると、説得力が増してとてもいいですね。**社員の意識を合わせるために、同じ本をみんなで読んでみる**のはおすすめです。

初心者でも1冊30～60分、1年で100冊読めるようになる

短時間で読んだほうが、実になる読書ができる

「フォトリーディング朝礼」を実施するようになってから、それまで読書が苦手だった社員さんたちに、さまざまな変化がみられたようです。

「読書嫌いで、それまでは1冊も読めなかったけれど、いつの間にか1時間で苦もなく読めるようになりました」
「1週間かけても、1冊を読みきれないぐらいだったのが、いまは1時間あれば集中してしっかり読めるようになりました」

「1カ月で1冊読むのがやっとだったのに、いまは楽しく1時間以内で読めます」「30分で1冊読めるようになりました」

いまではほとんどの社員が、30分～1時間で1冊読めるようになっているといいます。全体的に読める冊数も増え、
「1年間で70冊読めるようになりました」
「年間100冊読む習慣が身についています」
という人たちも。

フォトリーディングを習いはじめた最初のときは、①ステップ1～5をきちんと守る、②1冊にどのくらいの時間をかけるのか決めて読む、これらを心がけたほうが速く読むことができます。

フォトリーディング朝礼のように「今日は、30分しかない！」と思ったほうが、重要でない言葉を読み飛ばす分、速く読むことができますし、「ここは絶対に覚えておきたい！」という大事なことを、忘れずしっかりと記憶に残すこともできます。

実際に、社内でフォトリーディング朝礼を実施するようになってから、本を読むスピードだけでなく、「読み方」も変わってきている人が増えています。具体的にどのような変化が起こっているのでしょうか。

「迷ったときに本を読むという習慣がつくようになりました」

「本は昔から好きで読んでいましたが、熟読タイプでした。ちょっとずつ読んで1冊1カ月かかることもありましたが、いまでは1時間で読めるように。

本を読む目的を設定してから読むので、求めていた答えがはっきりわかるようになりました。これまでは、時間をかけて熟読しても、何を言われているのかよくわからなかったこともあったのですが、目的を決めて、短時間でさっとフォトリーディングするほうが、明快に答えが見つかります。

日経新聞をフォトリーディングしたときも、気になった言葉が目にとまって、内容が入ってくるようになりました」

「読書の習慣がなかった私ですが、フォトリーディング朝礼で定期的に読むクセが

身につきました。もともと活字が得意ではありませんでしたが、フォトリーディングは、ページを写真や画像や感覚としてとらえるので、活字アレルギーの私にとても合っていました。本が苦手な人でも取り組みやすいのかもしれません」
「たくさん読むことができ、インプットできる情報量がぐっとアップしました。行動に移せることも増えましたし、アウトプットできる情報量も多くなってきました」

フォトリーディングで本を読むと、「読んで終わり」ではなく、「実になる読書」、実生活に「生かす読書」ができるようになります。

ここが、結果が出やすくなる大きな点といえます。

化ける人たちは、この「生かす読書」を徹底しているわけですが、決して難しいことではなく、誰にでもできることなのです。

フォトリーディング的思考で仕事の質が格段に上がる

要点をつかみやすくなり、倍速で仕事が進む

従来の本の読み方から、実生活に「生かす読書」に変えることで、仕事の質も変わっていきます。リプラスのみなさんの場合には、仕事の仕方がどのように変わったのでしょうか。

「フォトリーディングの方法と同じで、仕事をするとき、常に『目的』を考えるようになりました」

「話の構成や順序を組み立てやすくなりました」

「プレゼンするときや、人と会話をしているとき、いろいろな言葉がすっと出てくるようになりました」
「要点をつかんだメモの取り方ができるようになりました」
「仕事の優先順位のつけ方がスムーズにできるようになりました」
「たくさんの本に触れたことで、『いろいろな意見があって当たり前なんだ』と他者の考えにも耳を傾けられるようになりました」
「集中力が続くようになりました」
「身構えずに、まずやってみるという習慣がつきました」

初心者の人が、フォトリーディングのステップを踏む習慣をもつと、このような変化はよく起こります。仕事の優先順位のつけ方や取り組み方がスムーズにできるようになって、仕事が倍速で進むようになるケースが多いですね。

メモを取りながらフォトリーディングしていると、頭のなかが整理されていくクセがついていくので、話し方がうまくなるという報告もよく受けます。

要点を押さえれば、商談や会話の質もぐっと上がる

また、さまざまな本に触れるようになったことで、日常での人とのコミュニケーションのとり方が変わった人もいます。

「いままでは話すことに重きを置いていましたが、いろいろな本を読んで、聴くことがいかに大切なのかを知り、聴くことに重きを置くようになりました。相手に話をしてもらうようにもっていくという行動は、私のなかで起きた大きな変化です。聴き出す力が身についたことで、相手の話から提案内容を組み立てていくことができ、それが結果的に仕事の成果につながっていると思います」

「営業で契約がとれなくてどうしようと考えるとき、営業の秘訣の記事をフォトリーディングして、マインドマップにまとめました。それで契約がとれたこともあります」

本の内容を、仕事の商談や打ち合わせで生かしたいときは、**読みながら「これは使**

える！」と思ったキーワードを2、3個メモしておきましょう。出てきたキーワードをもとに、仕事相手にどう生かせるかを考えて、さらにメモしておきます。その内容を2～3分で話す練習をしておくと、当日、相手にすんなり伝えることができます。

仕事の悩みの多くは、人間関係の悩みだといいます。

仕事をしている以上、人とのコミュニケーションは欠かせません。

せっかく能力があっても、会議や打ち合わせで人と対話したり、商談の話をするときに残念な対応をして損をしてしまう人は、とても多くいます。

とくにまだ社会人経験が浅かったり、リーダーの役に就いたばかりだったり……という場合には、戸惑うことも多いですね。

そんなとき、フォトリーディングを使って、会話術や人間関係の本、交渉の本などを集中して読んでみると、コツが見えてきやすくなります。「伸び悩んでいるなぁ」という実感がある場合、「もう一段、上がりたいな」という場合には、コミュニケーションに関する本のフォトリーディングをするのがおすすめです。

フォトリーディングを社員全員の成長に生かす

マネジメント層も新入社員も活用できる

「フォトリーディング朝礼」が社内で定着したのちに、柳町さんは、自身の思いをこんなふうに語っていました。

「本は、比較的安価な投資でたくさんのことを学べる効果的なツールだと思います。社員教育にはぴったりではないでしょうか。とくに幹部やマネジメント層には読書が必要ですから、全社員で習慣化するという試みは、やってみてよかったなと感じています。私は仕事へのメリットだけでなく、社員さん個人のしあわせを願っています。

会社でできないことは家庭でもできません。会社で人生のよい生き方を学べば、それが家庭にも生かせます。最終的には、社員のみなさんの人生がよくなってほしいので、フォトリーディングを普段の生活にも生かしてほしいと思っています」

ある社員は、こんなことを口にしていました。

「いままで困難なことがあると『もう無理』と思っていましたが、読書を習慣化してきたことで『こうすればいいんじゃないか』という解決のための策を考えたり、乗り越え方自体を学んでいるので、それが人生や仕事に生かせていると思います」

社員全員で本を読むという習慣を通して、各々の生き方まで変えることができたら、柳町さんが「フォトリーディング朝礼」に込めた思いが叶えられていきそうですね。

読書は、決して難しいことではなく、誰もができること。

年齢も立場も関係なく、週に1、2度の習慣でも十分に結果が出ることを、リプラスのみなさんが教えてくれます。

4

化ける人の思考術

化ける人たちに共通するのは、まず思考の変化です。どんな思考で行動するのかは、その人の人生に多大な影響を及ぼします。フォトリーディングを身につけ、どんな考え方をすれば、思考が変わるのか。本章で詳しく解説していきます。

自然体で考え、自然体で結果を出す

「快」「直感」を生かして仕事をする

投資コンサルティング会社経営　前田旭さん

PROFILE

1978年生まれ。大阪府出身。甲南大学経済学部卒。会社勤めののち2008年に起業。現在は国内外を自由に飛び回り、アイデアを世界中から集めるスタイルで経営をしている。

前田旭さんは、大学卒業後、地方の銀行員として5年間勤めたのちに投資ファンド会社に転職。銀行や投資家からの資金運用を任されていました。

会社員として着実に成果をあげていたなかで、30歳のときに、友人に誘われてフォトリーディングを受講。そこで直感で起業することを決め、受講後わずか2週間で起業しました。事業内容は会社設立後にマインドマップを使いアイデアをまとめたそうです。

現在代表取締役を務めるスタードッグス株式会社では、紹介が紹介を呼び、銀行融資、資金調達、資金繰り等の数多くの案件を請け負っており、会社の業績は順調に伸びています。

会社員だったころは、ストレスを抱えながらも愚直に働くということを続けていた前田さん。**フォトリーディングを身につけたことで、点と点がつながるように、起業へとたどり着いた**ようです。

本章では、「ストレスをためない」「楽しいこと、おもしろいことに積極的に着手する」という考えのもとで順調に経営を続けている前田さんの思考回路をひもとき、化ける人の思考術を明らかにしていきます。

才能は「柔軟性」で目覚める

俯瞰する↓たくさんの情報を取り入れる↓必要なものだけを取り出す

フォトリーディングの考え方や方法は、本を読むことだけにとどまらない、さまざまな場面に応用できます。前田さんは、フォトリーディングを身につけたことで、まずこんなことが変わったと言います。

「フォトリーディングを身につけたことで、何事においても、物事を俯瞰《ふかん》する↓たくさんの情報を取り入れる↓必要なものだけを取り出す、というステップを踏めるようになりました。

このテクニックをもってさえいれば、どこでも生きていけるなと感じます。もし、自分がいまゼロになったとしても、まったく知らない土地に行ったとしても、このステップを踏めば解決できる、という自信が生まれました。この安心感が一番大きいですね」

これはフォトリーディングのステップそのものです。

「俯瞰する↓情報を入れる↓出す」という流れは、仕事や人生のさまざまな場面に応用できます。

仕事で必要な情報を取り入れなければいけないとき。
人間関係を改善しなければならないとき。
問題解決が必要なとき……。
まず俯瞰して、必要な情報を取り入れて、アウトプットする。この流れで対応すれば、確実に何らかの改善案が出てくるはずです。

大切なのは完璧主義より柔軟性

化ける人たちに共通しているのは、自身がもともともっている才能が開花しているということです。

前田さんの場合、開花した才能は、完璧主義とは逆の「柔軟性」だといいます。

「『本を全部読まなくていい』というところが、自分の内面ととてもマッチしました。当時は会社員で、表向きはきちんとしていましたが、本当はもっと自由に生きていきたいタイプ。フォトリーディングでは、絶対にこうしなければならないという制約が少なくて、完璧主義でなくてもできる。それを知って、『自分のままでいいんだな』と安心できました。

じつは、会社を辞めて独立するまで頭痛がひどかったのです。でも辞めてからはなくなったので、『あ、ストレスだったんだ』とわかりました。気づかないうちにがんばって、社会に合わせていたんですね」

フォトリーディングでは、まず「その本を使って何をしたいのか？」「何が得られたらゴールなのか？」を明らかにします。そして、自分のほしい目的と質問の答えが得られたらいったんＯＫにして、どんどん先に進んでいきます。

「必要になった知識は必要になったときに本から再度集めればいい」というくらいの柔軟性をもっていたほうが、ストレスが減りますし、結果が出るのも早くなります。

「ちゃんとやろう」としすぎないほうが、何かが起こったときでも慌てずに対処できます。

人生は予期せぬことの連続。

柔軟性は、本を読むときだけではなく、生きていくうえでも仕事をするうえでも必要な要素なんですね。

直感を大切にする

直感は日常生活で磨くことができる

前田さんは、直感を大切にしています。数多くいる化けた人のなかでも、前田さんは「快」の直感を常に優先しているという印象があります。

「フォトリーディングを身につけて、間違いなく直感力は身につきました。『直感を信じていいんだ』ということに気づけたのは大きかったですね。それまではちょっと蓋《ふた》をしていた部分があったかもしれません。

直感を磨くのとフォトリーディングは、リンクしているように感じます。

抵抗があったら取り入れられないし、出すのに抵抗感があったら出てこない、というのはフォトリーディングとまったく一緒です。たとえば体調が悪かったり、精神的に落ち込んでいたりしているときには、やはり直感力は鈍ります」

「直感が鈍ってきたら、どうしたらいいですか?」

というのは、よくある質問です。そんなときには、脳を活性化する体操の「Ｅｄｕ－ｋ」(181ページ参照)やみかん集中法をすると、脳のコンディションが整います。

では、直感をどんどん磨くために、前田さんはどうしているのでしょうか。

「フォトリーディングの場合は、まず自分の心を穏やかにして、リラックスして、そのうえで読んでみましょうというステップを踏みますよね。すっと入ってきて、急に出すのではなくて、『ちょっとゆっくり休んでから出してみましょう』という一連の流れが、直感を磨くのにも役に立っています。

そのほかにも、フォトリーディングでは、

『なんとなくこの本を買ってみたけれど、読むのに気が乗らないなぁ』

『上司に読めと言われたけれど、読む気にならないなぁ』

『分厚くてイヤ。漢字が多いのがイヤ』

などと、抵抗感をもっていればいるほど、読み進めるのに時間と労力がかかってしまいますよね。それを、

『読む気が起こらないけれど、役に立つ内容が載っていそうだな』

『いまの自分にぴったりなこの部分だけを読もうかな』

『どうやっても読む気が起こらないから、いっそのこと読むのをやめよう』

といったように、湧いてくる抵抗をひとつずつカットしてからステップを進むことで、直感が磨かれやすくなってきたなと思います。日常でもこれを心がけているのです」


直感は理性以外のところから訪れます。それは潜在意識からの発信です。

たとえば、「ある問題を解決したい」と思いながらも会議室で理性的に検討しているときには、いつもどおりの解決策しか出てきません。

でも、会議室を出て「この問題を解決するための答えはどこにある?」と質問を抱えながら数日過ごしていると、どうでしょうか。たとえば人と食事をしながら話をしているようなふとした瞬間にピンときて、調べてみたら得策が見つかったということや、書店でたまたま目にとまった本を手に取ってみると、そこに膝を打つような答えがあった……ということが起こりやすくなります。

そんな「直感が当たった！」という経験が、あなたにもないでしょうか？

直感力は、些細なことでも磨くことができます。「こうしたい」と感じたら、すぐに実行してみましょう。

「あのレストランで食事をしたい」と思ったら行ってみる。「あの人に電話したい」と思ったらかけてみる。エレベーターが何台かあるビルなどで、「どのエレベーターが開くか？」といった問いをもつことも、直感力を磨く練習になります。

直感を冴え渡らせるには、直感が冴えていたときの自分の体調や気分、発している言葉や、選ぶ服などを知っておくと、さらにいいでしょう。

たとえば、直感が鈍ったとき、直感が冴えているときの体調を思い出して、しっかり睡眠をとったり運動したりすると、直感が湧く状態をつくり出すことができます。

好奇心を大切にする

「快」はあらゆる可能性を広げてくれる

前田さんは、次々と新しいビジネスアイデアを思いつくのですが、その源泉は好奇心だといいます。好奇心は目的設定の要。フォトリーディングでも、とても重要な要素です。

「自分が好きなものに対してはよく調べるし、それについてずっと考えていることは多いですね。でも、興味の対象はそのときどきで変わります。興味の幅が仕事にも反映されています。

常にアイデアは見つけようと思っていますが、仕事よりも遊びのなかで見つけるほうが楽しいし、おもしろいし、そのあとの発展性を感じます。たとえば『絶対に売れるものを見つけよう』と思って意図的に探していると、情報に頼りすぎて、結局ダメになるケースが多いような気がします。

私の場合は、遊びのなかから見つけたほうが、純粋に喜ぶ人が増えるようなビジネスになっているのかもしれません」

前田さんのこのスタンスは、フォトフォーカスの要点をつかんでいます。

たとえば、『仕事で売上を上げる本』という本を読むとします。

ここで、意図的に答えを探そうとすると、本のなかにある「企画書を練ることが大事」「プレゼンのテクニックはこうしよう」といった、ありきたりな答えを引っ張り出してきてしまいがちです。

でも、フォトフォーカスの仕方（48ページ）で本を読むと、「おもちゃを使う」「子どもを連れてくる」など、一見突拍子もないようなヒントが目に入ってきたりします。

これが、結果的に画期的なアイデアや解決策につながっていったりするのです。

仕事と遊びの境目をつくらない

遊びのなかで、クリエイティブな発想が開花する

あなたは仕事と遊びをしっかり分けるタイプでしょうか？

私がさまざまな分野で成功している人たちに会うたびに感じるのは、仕事と遊びが一体化している人が多いということです。前田さんもそのひとりです。


「いまは不動産関係の投資がメインですが、柔軟性を生かして、会社に行かなくても仕事がまわるスタイルで働いています。

仕事と遊びの境目もあまりないので、お客さんと仲良くなって、『こういう能力が

あるよ』『こういう人がいるよ』という話になって、『じゃあ、こんな会社をつくったらおもしろいからやってみよう』という話になることも。

いまは、沖縄のレンタカー会社やキャンピングカーをつくる会社など、複数の共同事業にも加わっています」


仕事と遊びの境目がないほうが、クリエイティブな発想が湧きやすいもの。

机の前でアイデアを湧かせようとしても、どうしても枠を超えるような発想は湧きづらくなってしまうのです。

「最近行き詰まっているかも……」と思ったら、「ヒントになることを見つける！」という目的をもって、いっそのこと外に出て、遊びからヒントをもらったほうがクリエイティブになっていくかもしれませんよ。

ある程度続けたうえで「違う」と思ったらブレーキを踏む

「無理」が続いたら、方向転換のサイン

前田さんは、最初に起業したときは、組織をつくろうとがんばっていたそうです。でも、「何かが違う」と思って1年半くらいで、その働き方には区切りをつけています。

「僕の場合は感情的になってヘトヘトになったときが、ブレーキを踏むときです」

自分のなかで「ここまでだな」「これを超えてしまうと、疲れ果てて回復に時間が

かかってしまうな」ということを自分でわかっておくことは、とても大切です。

影響力のある人になればなるほど、自身の気持ちの管理が肝心になってきます。

周囲との関係にも影響が出ますし、いい判断もできなくなってしまいます。

自分のがんばりの限界を知っておくことが、才能が目覚め続けることにもつながるのです。


ただ、がんばるにも2種類あります。

意欲に満ちてがんばりたいときはパフォーマンスも上がりますが、心のどこかに疲労感を感じながら無理にがんばり続けることは、決して才能が目覚め続けることにはつながりません。

もしあなたが無理をしながらがんばり続けているとしたら、方向転換するサインかもしれません。

人間関係では、すぐに結果を求めない

紹介してもらいやすい空気をつくる

前田さんは、仕事の人間関係や縁をどのように築いているのでしょうか。

「人との出会いが一番です。知り合いでも、仕事につながるまではそれなりの時間がかかります。知り合いの知り合いで、数年前からちょこちょこ顔は合わせていて、タイミングよく話せたところで仕事がはじまった、というケースが多いですね。

人との関係性を育むことには時間を使っていて、『こんな人がいて、こんなことに

困っているらしい。ちょっと話を聞いてあげて』と言われたりすると、『いいですよ、いつでも電話をください』と伝えて、まずは話してみることからはじめます。お金の話をするとなると、信頼関係は欠かせないからです。

心がけているのは、紹介しづらかったり、相談しづらいような雰囲気をつくらないようにしていること。個性を前面に出す人もいますが、私の場合は自分の色を出さないほうが、何か物事を伝えたときにそれを受け取ってもらいやすいかなと思っています」

昨今では、「すぐに結果が出る」ということがもてはやされていますが、人間関係はそうはいきません。

会社員でも経営者でも、人から紹介してもらえる人であることはとても重要。

化ける人には人あたりのいい人が多いのですが、**「関わりやすい」とまわりに思ってもらえる振る舞いをしていることが、成功の一因**なのかもしれません。

社会のためにという視点をもつ

化ける人たちが共通してもっている要素

会社を経営し続けるために、前田さんは何を意識してきたのでしょうか。

「会社経営を継続させるために、何を心がけているのか聞かれることもあるのですが、信頼してくれる人のために働く気持ちがあったからこそ、起業しても人から必要とされて、仕事が続いてきたのではないかと思います。
最近は、とくに『自分より人のために』という焦点が定まってきて、『頼ってくれている人を絶対に裏切れない』という気持ちが常にあります。それが、無理なく経営

を続けていられる秘訣かもしれません」

化ける人たちに共通するのが、自分だけでなく、「社会をどうするか」「人のために」という視点をもっていることです。

「社会のために」という視点は、次章以降に登場する人たちも、驚くほど共通してもっています。化けるためには必須の視点といえますね。

フォトリーディングでいえば、「目的」の設定を、たとえば「年収を○百万円稼ぎたい」といった我欲だけでなく、「日本の子どもたちの教育レベル2割増に貢献」といった、**社会に役立つことまで視野に入れている人たちが大きく化けています。**

自分の利益を超えたところで動いていると、思いがけない大きな力が働いて、後押ししてもらえるのかもしれません。

「これを成し遂げたい」というビジョンをもつ

起業をゴールにしない

前田さんは、思いつきで起業したように見えるかもしれませんが、実際には起業は廃業率がとても高く、決してラクなものではありません。

なぜ彼の場合にはうまくいったのでしょうか。

それは、見つめている焦点（目的）が明確で、その焦点に向かって「やり遂げる」という情熱をもっているから。

起業がゴールなのではなく、起業の先に何をしたいのかというビジョンがあり、自分のしようとしていることが社会にどのように役に立つのか？　ということを考えている人は、間違いなく化けています。

頭で考えすぎていても起業はできません。ときには勢いも必要です。ただ、それは「いまが起業できるタイミングだよ」という機が熟したうえでのこと。継続して仕事を続けていける専門性、人脈、資金などを準備してきたうえでの起業です。準備もない単なるノリでは、当たり前ですが仕事は続きません。

信頼も実績も、構築するには時間がかかります。**ビジョンを掲げ、時間をかけて仕事で信頼をつくっていく。そして継続する。**

長い時間をかけてこれができることが、大きく化けるための大切な要因なのです。

これは起業している人にも企業に勤めている人にも共通して言えることですね。

5

化ける人の仕事術

化けていく人たちは、仕事の取り組み方が違います。どんなふうに考え、行動すれば、いい結果を残すことができるのか、本章では、フォトリーディングを生かした仕事術の秘訣をお伝えします。

広い視野で圧倒的な結果を出す

目的志向とスピードで他者から抜きん出る

株式会社ＪＥＲＡ（東京電力と中部電力の合弁会社）グローバル推進室長　緒方博行さん

PROFILE
1962年生まれ。東京電力Ｆ＆Ｐ㈱社長補佐と㈱JERAグローバル推進室長を兼務。「エネルギー市場から日本を元気に！」をミッションに、熱き志で仕事に邁進している。

ステージを上げるために、大きなチャレンジをする人がいます。

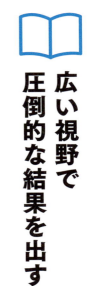

緒方博行さんは、会社勤めで多忙を極めるなか、2年半で司法試験に合格しました。勉強をはじめたのは、なんと49歳からで、合格当時は51歳。仕事も勉強も短期間で結果を出すメソッドのひとつとして、２０１１年６月にフォトリーディングを身につけることを決意。東日本大震災の3カ月後のことです。

当時、東日本大震災で大きく状況が変化した会社に勤めていました。会社も社員も元気を失っていたなかで、**「この先、会社をどう元気にしていくか?」「この先自分の人生をどう生きるのか?」を真剣に考えた結果、学生時代からの夢でもあり、仕事にも大きく役立つ司法試験にチャレンジ。**独自の超時短勉強法にフォトリーディングの力が加わり、めきめきと実力をつけ、わずか2年半で夢を実現できたのです。

現在は、電力市場の再編の中核を担い、やり甲斐のある仕事に邁進している緒方さん。リーダーとして、どのように仕事をこなせばいいのか。合格するのに1万時間かかるともいわれている試験を、どうやって半分以下の4000時間でクリアしたのか。

本章では、緒方さんのエピソードを軸に、多忙ななかで結果を出すための仕事術に迫ります。

予測を立てる習慣をもつ

「何をするか」より、「何をしないか」を決める

大学時代に一度司法試験をあきらめた緒方さんは、49歳で再挑戦しました。社会に出て経験を積んだからこそ、戦略的に先読み・先取りして勉強することができ、見事合格することができたそうです。その一番のポイントは何だったのでしょうか。

「戦略を立てるときは『何をするか』ではなくて『何をしないか』を決めます」

これは、試験に合格しやすくなる発想です。

たとえば「この分野はテストの点数の配分が少ないから、いっそのこと捨てよう」「出るか出ないかわからない分野には手を出さず、まず確実に出題されるところに集中しよう」などと、勉強をはじめる初期のタイミングでやらないことを明確にしておけると、勉強がスムーズに進みます。

あるプロフェッショナルは**「予測こそが仕事の要」**と言っています。部下の仕事のスピードや得意・不得意分野、そしてメンタル面のことも考えて、仕事がどのように進むのかを、全体を見て進捗を確認していくそうです。

予測と似ていますが、**ゴールから逆算するメリットは、確実に期日を守れるようになること**です。

テストや試験などは、試験日を守らなければ合格できません。最終的に結果を出したい日が守れないだけで、すべてゼロに戻ってしまうこともあります。

その日に向けてどのようなスケジューリングをすればベストパフォーマンスが出せるのか、ゴールから逆算して考えるのです。

予定はギリギリに立てない

計画を立てるとき、スケジュールにかならず設けておいてほしいのは、予備日の確保です。体調がすぐれなかったり、緊急な対応が必要になることは、生きていれば当然あることです。

ギリギリの予定を組んでしまうと、結果としてベストのパフォーマンスが出せなくなります。私の感覚で言えば、**3割増しは必須。**5割増し程度、余分にみておくくらいでちょうどいいと思っています。

キャリアプランを立てるときも、このゴールから逆算する習慣は活用できます。

たとえば、「このまま2年間ここで働いていてはまずい」と思ったら、「3カ月以内に転職活動をはじめる」といったプランを立てることもいいでしょう。これもゴールから逆算して行動を起こす習慣のひとつです。

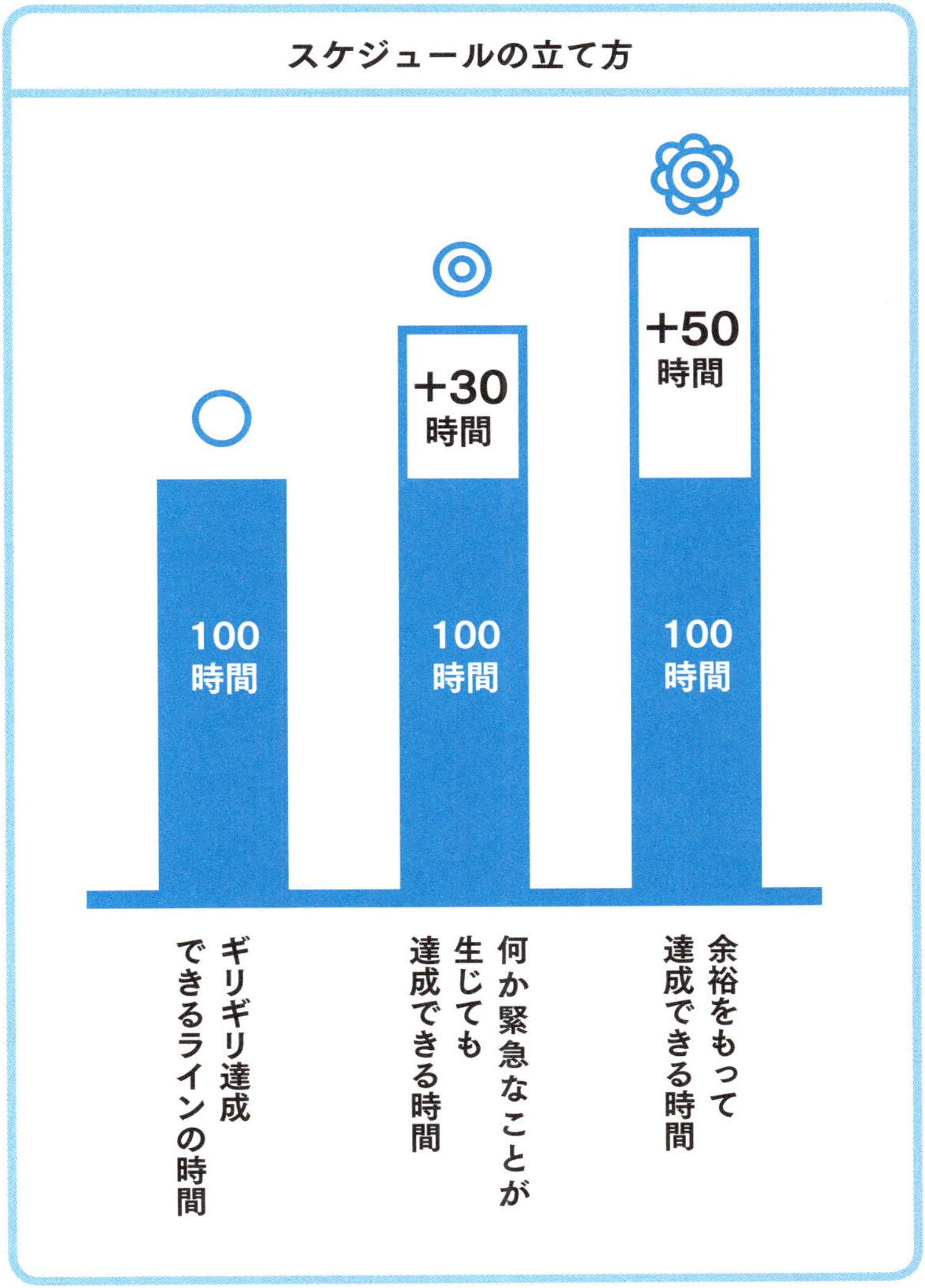
スケジュールの立て方
100時間
+30時間
100時間
+50時間
100時間
ギリギリ達成できるラインの時間
何か緊急なことが生じても達成できる時間
余裕をもって達成できる時間

合格するまでの道のりはあえて短期間にする

積極的にプランの見直しをする

3・11を経て、2年半で司法試験に合格することを決めたという緒方さん。超時短勉強法とフォトリーディングによって、必要な勉強時間を6000時間削減してしまうことに成功しました。いったいどのように計画を立てたのでしょうか。

「そのときにいた会社が、大きな転機を迎えていたこともあり、2年半で司法試験に合格して、早く法律面で貢献したかったというのがあります。司法試験に合格するには、必要な平均勉強時間が1万時間といわれています。

私の場合は、2年半しか時間をとらないと決めていたので、普通に時間をかけていくと、1日に必要な勉強時間が10時間を超えてしまう。仕事をしながらでは到底無理です。そこで、15分集中勉強、スキマ時間活用、アウトプット重視などの超時短勉強法とともに、フォトリーディングも上手に活用して、6000時間を削減しようと思ったのです。プランも手当たり次第がむしゃらにこなすのではなく、優先順位が明確になるようにしました。そして、結果に応じてPDCA注）を回して優先科目を変えたりして、プランニングの修正はしていました」

化ける人は、1～2カ月に一度は、プランの見直しをします。資格取得なら、**①やってみたのにスムーズにいかないところはどこか、②最終的に得たいゴールに対して、かなり遅れをとっているところはないか**、というところを重点的に見直してください。

1年間が勉強できる時間のタイムリミットだとする場合、その3分の1の4カ月がたっても改善していないようなら、通う学校を替える、勉強の取り組み方自体をガラッと変えるなど、大きな決断をしたほうがいいでしょう。「いまの時間の使い方で結果が出るのか」ということを、常に考えておくとよい結果が出やすくなります。

注）PDCAとは、Plan（計画）／Do（実行）／Check（評価）／Action（改善）の頭文字をとったビジネス用語のこと。

「虫の目」「鳥の目」をもつ

全脳を使うことで、考え方や行動が劇的に変わる

フォトリーディングを身につけてから、緒方さんのなかで仕事に取り組む際の視点が変わってきました。新しくもつことができたという「視点」について、緒方さんはこう語ります。

「厳しいビジネス環境のなかで、フォトリーディングは『虫の目』と『鳥の目』をもてるきっかけになりました。学生のときは『虫の目』だけですが、仕事は、1点に集中する『虫の目』だけではできません。

全体を俯瞰する『鳥の目』で、いまやっていることを引いて見ると、『なんかこっちとリンクしているな』『あっ、こっちのアイデアを使えるな』と、新しいアイデアや解決策が見えてくる瞬間があります。『鳥の目』をより強化できたことで、よりたくさんの価値を提供できるようになりました」

焦点を合わせて読む通常の読書は「短期記憶」になりますが、フォトリーディングでは「長期記憶」になります。

フォトリーディングの正式名称は「フォトリーディング・ホール・マインド・システム」。これは、全脳で本の情報を処理する読み方という意味です。通常の読書とは、使う脳が違ってくるのです。

2章で紹介した、ステップ3のフォトフォーカスの仕方（48ページ）が「鳥の目」、ステップ5（62ページ）では焦点を合わせて読むため、「虫の目」も使います。両方使えるようになるのがフォトリーディングの特徴です。

それによって、いままでより視野を広げて物を見ることができる脳に変化していきます。その結果、考え方や行動が劇的に変わってくるのです。

潜在意識を生かす

潜在意識を使いこなすことで、揺るぎない自信が生まれる

フォトリーディングを知る前と知ったあとで、緒方さんが一番の違いだとあげたことは、ひとつはスキル、そして、もうひとつが潜在意識と顕在意識を行き来できるようになったことといいます。

「潜在意識のほうが、顕在意識より情報保存量が多いという事実がありますよね。潜在意識に情報を入れておけば、問いを投げたときに、答えを潜在意識から得ることができます。いままで見聞きして蓄積してきた情報は、潜在意識のなかにしっかりと入ってい

ます。フォトリーディングのスキルを学んだということは、この潜在意識から答えを自由に引っ張り出せる手段を手に入れたということです。これが大きな強みになっているのを感じます」

脳は、目的をもって情報を取り入れると、記憶から答えを引き出しやすいという特徴をもっています。記憶から答えを引き出しやすくするには、たとえば「今期の売上をアップさせるためのポイントは?」といったように、質問を投げるといいでしょう。

また、緊張しているより、リラックスしていたほうが、記憶から情報を引き出しやすくなります。この無尽蔵の潜在意識という情報源にアクセスする方法がわかると、「私はなんでもできる」という自信が生まれ、窮地に陥っても自分を信頼して前進することができます。

問題から逃げずに、解決策を見出そうとする姿勢は、まわりにいい影響を与えることもできますね。人は人の仕事に取り組む姿に刺激を受けるものです。

迷ったときに立ち戻れる何かをもっておく

「もうひとつよかったのは、困ったときに立ち戻れる場所が見つかったことです。ビジネスには、正解はないのですが、原則はあります。

原則がないと、何をするのか、どうするのかがはっきりせず、ビジネスが迷走します。だからどんなビジネスに取り組むときも、迷ったときに立ち戻る原則を、かならずもっておくようにしています。私にとって、フォトリーディングから学んだ『ゴールから逆算する』という考えは、迷ったときに立ち戻れる原則です。ゴールやアウトプットを意識して、そこから逆算することで、迷いなく最短距離で仕事をすることができるのです」

ほかにも、フォトリーディングの原則には、こんなものがあります。

誰かを喜ばせるという「快」な目的をもてば、かならず「快」な答えに行きつく。
問いにはかならず答えがある。
適切な問いを投げれば、かならず答えは得られる。
自分の潜在能力を信じることはアウトプットの量・質にも変化を生む。
脳は生かし方次第で想像以上の能力を発揮できる。
脳の生かし方には方法がある。などなど

困ったときや迷ったときに立ち戻れる何かをもっている人は、強いものです。
化ける人たちは、悩み続けることがないようにしています。
「戻る場所」は、かならずつくっておくようにしましょう。

仕事は効率的に誰よりも早く動く

一歩早い動きで、まわりに差をつけられる

仕事が早いことは、ビジネスにおいて重要なことと緒方さんは言います。スピードは、あらゆる場面で有利に働くからです。

「仕事が早いのは、ビジネスでは絶対的に大切なことです。ライバルよりも、一歩先に動けるかどうかは、とても重視しているところです」

たとえば、クライアントに企画書や提案を見せるのが早いと、意欲を形として見

せることができますし、すばやく企画を練られるだけの専門性を持ち合わせている証にもなります。スピードを意識することで、目の前のことに集中して、余分な思考が入る隙もなくなります。

いちいち立ち止まって考えていたら、仕上げるのに時間がかかってしまいます。だから、一気に仕事を仕上げて、あとから見直せばいいのです。

この方法は、作業時間の短縮につながります。集中する状態は「みかん集中法」でつくることができます。

いまはあちこちに情報があふれているので、**戦略自体を工夫しても、周囲とあまり差がつきません。差をつけるには、一歩早い動きのほうが重要**なのです。

これも、緒方さんが日頃から意識していることです。

一瞬で集中モードに入れる方法をもつ

極度の緊張下でもリラックスできる人は強い

大事なプレゼンや重要な会議など、緊張する場面は誰にでもあります。緒方さんはフォトリーディングの講習を受けてから、緊張する場面でもリラックスできるようになりました。

「じつはフォトリーディングの講習に行く前は、肩が凝っていて、毎週1回くらいマッサージに行っていたんです。
でも、フォトリーディングに行ってから、肩が凝らなくなりました。余計な力を

瞬時に抜くコツがわかったからです。

たとえば、たくさんの人たちの前でプレゼンをするとき、トップマネジメントに説明をするときには、『みかん集中法』をします。リラックスしてからプレゼンをはじめると、ものすごく全体がよく見えますし、本当に文字どおり『鳥の目』になってプレゼンできるので、相手に伝わるのです」

みかん集中法なら、一瞬で気分を変えることができます。これは緒方さんが「そうなると決めていることによって起こる効果」です。

「本当に集中できるのかな?」ではなく、「集中できる!」と自分で決めていることが大切です。

化ける人は集中力が高いという特徴があります。

しかし、生活していると、気が散ることももちろん多いもの。だからこそ、一瞬で集中モードに入ることができる方法をもっている人たちが多いのです。

広い視野で見る

人の心情や、相手から求められていることがわかるようになる

ビジネスにおいて相手の心情を理解できること、求められていることがわかるということは強みになります。緒方さんはフォトリーディングを受けたあと、この点が強化されたといいます。

「プレゼンから戻ってきて『あんな質問をされたな』と思い出すとき、質問してくれた人の顔も思い浮かびます。つまり、プレゼンしていたときの風景が、写真で撮ったように記憶されているのです。

フォトリーディングを身につける前は、緊張して自分でカーッとなって話しているから、どんな質問をされたかなんて覚えてもいない。相手の表情も覚えていませんでした。

でも、フォトリーディングをマスターしたあとは、交渉をするときも相手のボディランゲージでその人が何を考えているのかがわかるようになりました。視野が広がっているからでしょう。

部下と話をするときに『もう、いっぱいいっぱいだな』『もうこれ以上言わないほうがいいな』という加減もわかるようになりました」

プレゼンなどで、人前に立つ場合には、はじまる前に、フォトフォーカスの目でその場を見渡してみてください。商談の場合にも同様です。そうすると、視野が広がり、リラックスしながら集中モードに入ることもできます。

リラックスしながら集中できていると、得たいと思っている最終目的に対して、「いま何をするのが一番いいのか?」を察知し、具体的に行動することができるようになるので、緊張しやすい人にもおすすめです。

エネルギーを向ける先が明確

誰が喜ぶかをイメージする

自分のためだけではなく誰かのために働くことがエネルギーになります。緒方さんを含め、化ける人たちの多くが、誰かが喜ぶ姿をイメージして動いています。

「部下たちを巻き込むときにはストーリーで話します。『これまではエネルギー市場は独占で閉鎖的だった。これからは競争市場をつくりあげ、グローバルの知見も取り込んで、世界と戦える新しいビジネスモデルをつくっていこう。この2、3年で勝負が決まる。いま僕たちが本気でがんばれば、安くて安定したエネルギーを日

本にもってくることができるようになる。エネルギー自給率が4％しかないこの国だからこそ、一丁僕たちがやってやろうじゃないか』といった具合にです。『1年目に燃料調達量3500万トンにする。3年すると3700万トン』と数字で伝えても、聞き手はちっともワクワクしないんですよ。まして話し手のための計画なら人は動かない。常に、ストーリーで話すことで『誰が喜ぶか』をイメージしますし、喜んでもらうために僕らができるストーリーを伝えるようにしています」

自分という枠を超えて、誰かのために働くというスイッチを入れられた人には、さらにエネルギーが生まれてくるものです。

これは化ける人に共通しています。日本大学名誉教授の林成之先生も、**人の本能は「仲間になりたい」という欲求をもっている**とおっしゃっています。だからこそ自分だけでなく「仲間のため」という目的設定は、人間の本能に即して有効に働きます。「まだ見ぬ誰かのために○○する」と心から願えたら、時間はかかっても仕事の規模は広がっていくことでしょう。

それを体現する緒方さんだからこそ、圧倒的な結果を生んでいるのです。

6

化ける人のコミュニケーション術

ビジネスでもプライベートでも欠かせないコミュニケーション力。じつは速読術を通して身につけることができます。本章では、コミュニケーション術で人生を切り拓くためのヒントをお伝えします。

コミュニケーションで人生を変える

PROFILE

1967年生まれ。兵庫県出身。大学卒業後、会社員を経て起業。日本のサッカー指導者養成を目的としたサッカークリニック、指導者講習会を開催。現在はプロサッカー選手のマネジメントも行っている。

相手目線で人の心をつかむ

ブラインドサッカー日本代表監督／株式会社アレナトーレ代表取締役　高田敏志さん

活躍するステージをどんどん変えていく人が、あなたのまわりにもいませんか？

高田敏志さんは、フォトリーディングをマスターした当時はサラリーマン。しかし、いまや２０２０年のパラリンピックを目指して金メダルを狙うブラインドサッカー日本代表監督です。

サラリーマンから監督になるまでたったの５年。

その間に、彼はＩＴ関係の会社を起業して業績をあげているほか、あのＦＣバルセロナともスペインで日本の子どもがトレーニングできるキャンプの契約を成立させています。その後、プロサッカー選手や指導者のマネジメントやブラインドサッカー日本代表監督にも就任しました。

「人生を楽しむための最強で最高の武器、それがフォトリーディング」と語る高田さん。数々のチャレンジを、フォトリーディングを駆使して形にしてきたという彼の話は、とくにマネジメント層の人や、異業種にチャレンジしたいと考えている人に、役立つかもしれません。

どうしたら人の心をつかめる人になれるのか？

どうしたら超えられない壁を超えていけるのか？

自分のポリシーを貫きつつも、信頼できる仲間を得て、世界に影響力を及ぼす人はどんな思考をしているのでしょうか？　本章では、高田さんの経験談を通して、人生を変えるフォトリーディングの使い方、コミュニケーションの秘訣を明らかにしていきます。

外してはいけないところは徹底して理論武装する

短期間で複数の本から学ぶ

高田さんはサッカー選手を育成するほか、ＩＴ企業など数社を運営する経営者でもあります。業務内容が多岐にわたるため、日々、新たに対応しなければいけないことに囲まれています。

時間がないなか、フォトリーディングを使って、短時間で専門分野の本を数冊読んで、交渉に臨んでいるといいます。

「たとえばＩＴの大手企業向けの提案で、優秀な駆け引きをするブレーンのいる部長

さんにプレゼンするとします。こちらはどうしても数億という仕事の契約を取りたい。

でも、向こうは少しでも安くしたいから、あの手この手で駆け引きをしてきます。だったら、こちらがさらにその上をいかなければ妥結しませんよね。

そんなとき、はじめは相手の話を素直に聞いて『あ、こいつ楽勝』と思わせておいて、理路整然とビシッビシッと刺していく。そこで『こいつは賢いな、信頼できるな』と相手に思わせることができれば、結果的に仕事を任せてもらえます」

相手から仕事を任せてもらえるまでの信頼をどう勝ち取るか。成功させるには、**最高の形で契約が取れたゴールまでをイメージして準備する**ことが大切です。

ゴールから逆算して、どの情報を下調べし、自社の強みをプラスして、プレゼン時にどのように相手に見せれば納得してもらえるのか？　うまくいく人たちは、これを愚直に実行しています。

また、プレゼンはやり直しがききませんから、この分野に関しては右に出る者がいないというところまでプレゼン内容を突き詰めていく必要があります。

仕事相手の価値観や文化を事前に本でリサーチする

事前準備で人間関係はぐっと深まる

高田さんは、サッカーを通じて、海外の人と交流したり、ブラインドサッカーを通じて視覚障がい者など、いままでつき合いの少なかった人たちとおつき合いをするようになりました。フォトリーディングを活用して、どんなふうに交流をはかってきたのでしょうか。

「僕は日本で生まれて、日本で育って、日本で仕事をしてきたので、海外の文化が全然わかりません。だからこそ文化について勉強することに力を入れています。

２０１７年にＦＣ東京のコーチに就任したジョアン・ミレットを、２０１２年にスペインから日本へ連れてきました。彼の指導している映像やマニュアルを見て『これが世界一だ』と思ったからです」

映像を見ることも、無意識に行っているフォトリーディングです。

「世界一のジョアンの指導をどうしても生で見たくなり、彼にお願いして来日してもらいました。その際、日本全国で指導者や選手を集めてサッカーを教えていただいたのです。

ジョアンはピカソの絵画で有名なバスク地方のゲルニカでサッカーの指導者をしていました。そのため、バスク地方やスペインについての本を買って、フォトリーディングをしました。

『この人とどうしてもご一緒したい』と思うときには、相手側に関係する情報を、フォトリーディングでリサーチしたうえでお会いするようにしています」

これは人と関わるうえで欠かせない要素です。**徹底的に情報を集めておくことは、相手に対する尊敬を形にして提示することになります。**意欲が相手にストレートに伝わる方法です。化ける人は、これを当たり前のようにやっています。

「ヒトラーに爆撃されたゲルニカの話をしていたとき、彼がふと、こんなことを口にしたのです。『日本に行ったらすべてお前の言うことを聞くけど、ひとつだけ頼みがある。3日間俺を東北に連れて行ってくれ』と。『ゲルニカはスペイン内戦でまったく何もなくなったところから立ち上がった。人災と天災で違いはあるが、ニュースで見た東北には、同じ苦労をした人たちがいるから、何かできることをやりたい』と。

それでゲルニカの市長にかけあい『心はともにある』といった碑をつくって、仙台と福島に持って行ったのです。世界一流のコーチは人間性も素晴らしい。視点が世界レベルです」

ジョアン氏の思いを受けて、それを現実にするために尽力されたことも素晴らしい行動力です。大切な人が大切にしている思いを共有することは、絆《きずな》を一気に育むことにつながります。

相手の文化のリサーチ＝相手への敬意

「ジョアンとそういう話の流れになったのも、僕がゲルニカについて勉強していたからなんです。人と人ですから、相手に敬意を払うコミュニケーションをするための準備は必要です。丸腰で行くとやっぱりダメなんです。ヨーロッパでトップレベルの人たちと関わるのなら、その尊敬の念をうまく表現したいので、関係の土台づくりのための事前準備として周辺情報をフォトリーディングでしています」

事前に準備をしていると、相手と密な話をすることができます。相手に、「この人は深い話ができる人だ！」と感じてもらえたら、その後の関係性の深さは雲泥の差です。多忙ななかでも、本をフォトリーディングして情報を入手しておくことは、人の信頼を得るためには欠かせません。

本能を大切にする

一緒に食事ができない人とは仕事をしない

これはフォトリーディングとは直接関係のないことですが、高田さんが仕事をするうえでかならず心がけていることがあるそうです。

「私は仕事で関わる人が信用できるかどうかを重視しています。佐貴子さん（筆者）から フォトリーディング以外で教わったことは、『2人で食事ができない人とは仕事をしない』ということ。私はいまもそれを基準にしています。

誘われたときに『ちょっとこの人と行きたくないな』と思ったらやめる。直接仕事の

話になるかどうかわからなくても、『この人からいろいろな話を聞きたい』と思える場合には、一緒に食事をします。結果的にその判断基準は当たっていることが多いのです」

食事は、仕事から離れてプライベートにも関わることです。仕事の業務のように理屈だけではすまない部分なだけに、ふと感じる違和感は、無視できないところ。

じつは、フォトリーディングでも、手にとって「快」を感じられる本のほうが、内容がどんどん入ってきます。ステップ2の「予習」で目次を確認しますが、ここで著者の意見に賛同できなかったり、興味が湧かなかったりすると、内容が入ってこないのです。そんな状態でフォトリーディングを最後までやってみても、「なんだか頭に入ってこないなぁ」「思ったほどの収穫が得られなかったな」という結果に終わってしまうことが多いのです。

一緒に食事ができないのも同じで、生理的にNGと思っているのは、それほど密な時間を過ごしたい相手ではないということ。長期的にご一緒するのは難しいし、望んでいないということです。「本能」は大切にしたいところです。

目標に向かってまっすぐに行動する

根底には、関わる人への信頼と愛情をもつ

高田さんはブラインドサッカーの選手たちとの絆をつくるため、視覚障がい者だからといって特別扱いはしない、ということを実践しているそうです。

「視覚障がい者だからといって特別扱いはしませんでした。下手に気づかわず『まず最初に優秀なアスリートとして、リスペクトし、目が見えない、それだけでしょ？』と考えるようにしました。こちらの言い方を気にして負けるのと、厳しいことを言われてもそれを乗り越えて勝つのとどっちがいいか、日本代

表選手である彼らが決めればいいというのが私の考えです。プロの指導者としてそのチームに入ったわけですから、そういう方針が合わないなら、私を外してほかの監督を選ぶという選択肢もあると思っています。

選手たちも、勝つために自分の成長のためにできることはやりたいという気持ちの人が多いので、それでやり方を覚えたら、本人にもチームにもプラスになるはず。日本代表のメンバーに選ばれたいのなら、厳しさを乗り越えなければいけない。乗り越えることでそれからの人生が変わってくるわけですから」

「日の丸を背負って闘う覚悟のある選手にこう言ったら悪い」などと考えていたら試合には勝てません。「試合に勝ちたいと思っている選手を勝たせる、結果を出させる」。これが高田さんができる最高のことです。

こんなふうに、**雑念を入れずにまっすぐに目的と必要なことを伝えて行動することは非常に大切**なことです。フォトリーディングでも同じです。雑念が入っている状態では、精度が落ちます。高田さんの場合、根底に選手たちへの信頼と愛情があるからこそ、思いが伝わるのですね。

仲間が一人ひとりの能力を高める

目的をともにできる仲間をつくる

リーダーの役割を担っているなら、チームのメンバーたちが切磋琢磨し合える状況をつくることも必須になってきます。ここに苦戦する人たちの悩みを多く耳にします。

高田さんは、仲間が一人ひとりの能力を高められるようなチームづくりを心がけているそうです。

「『自分が視覚障がい者でも、困っている人がいたら助けよう』と、『助けられるばかりじゃないよね？』と言うこともあります。

たとえば、『電車で前にお年寄りの声が聞こえたら席を譲ることはできるよね?』と。普段からそんな生活をしていて、試合に勝てば、彼らを育てた両親や学校の先生、日本の視覚障がい者やハンディキャップをもった人たちが、どれだけ彼らを尊敬し、誇りに思うでしょうか。どれだけ勇気を与えられるでしょうか。

競技以上に普段の生活における模範となる行動を含めてがアスリートとしての成功だと、私は考えています。

『2020年に、日本というステージでパラリンピックがあるのだから、注目してもらえるその場で証明しよう』と選手たちには言っています」

いいチームづくり、仲間づくりをするには、同じ目的意識をもつことです。同じ目的をもった仲間とともに活躍する場があることは、一人ひとりのもてる能力を相乗効果で何倍にも高めることができます。

高田さんは、仲間たちと目的を共有し、どうあるべきかを伝え続けています。

これは、化けるリーダーたちに、共通してみられることです。

群れない

群れることは、時間とチャレンジ精神のロスになる

仕事をしていると、「正直なところこれはしたくない」という役割を担わなければいけないことがあるはずです。高田さんも、スタッフを解任しなければいけない役割がまわってきたことがあったといいます。心をどう整理して、臨んだのでしょうか。

「私は仲良しグループが嫌いなんです。群れることをしません。群れると、安心感が湧いてきます。でも、安心感が湧くことと成長が止まることは、じつは表裏一体です。企業にとって成長が止まることは死ぬことになってしまい

ますから……。

群れることのデメリットは、時間とチャレンジ精神のロスです」


よく集う仲間が複数いると、その場に「同調」が生まれます。

その場の会話や空気感も含め、何かプラスの創造ができる場になればいいのですが、集うたびに愚痴やマイナスの話が出てきてしまうと、そこに身を置くだけで自分の思考までマイナスに染まってしまいます。

プラスの場であっても、マイナスの場であっても、その場に集まる人たちの空気に、私たちはどうしても影響されてしまうのです。

これは、時に、自分が信念をもつ分野で化けることを妨げる要因にもなります。

群れるデメリットは、仲間に甘んじてしまう可能性があるということ。

たとえばあなたが資格取得や起業など「何かをがんばろう！」と思ったときに、「そうは言ってもできるかな……」と不安も湧いてきたとします。

そんなとき、安定した生活を送っている人たちのなかに身を置いていると、「まぁ、無理して挑戦しなくてもいいか」と思う気持ちが生まれてしまうかもしれません。

一見、見えづらいことですが、これが人生における最大のリスクです。

何かに一生懸命取り組んでいる人は、「なんとなく時間を過ごす」ということができないものです。

のんびり語り合う時間が悪いわけではありません。時間に余裕があることは、素晴らしく豊かなことでもあります。ただ、余裕のある時間を過ごしているだけでは、大きく飛躍することはできません。

あなたがもし「群れているかも」と思ったら、仲間たちと過ごす時間を、見直してみるといいかもしれません。

高田さんもこう言います。

「目的に対して結果が出せる可能性がない人は、『日本代表』を指導する環境にはいてはいけない。本当に達成するべき目的のことを考えれば、役割としてスタッフの解任も組織の改革も当然のことでした。

私は指導者なので、選手のことが一番。選手とチームを成長させ、勝たせることができない指導者は、代表チームにいることはできません。選手たちを世界で勝たせることのですべてを犠牲にして選手のために尽くせる人。この基準がぶれてはいけないのです」

化ける人は群れません。

我を捨て、目的だけをひたすら見据え、やり遂げます。

あるときは孤独に映るかもしれません。でもそれを続けていると、確実に人はついてきます。

化けるリーダーたちは、「群れない勇気」をもっているのです。

失敗をそのままにしない

うまくいかない原因を人のせいにしない

リーダー層の人たちから、「感情の整理がうまくいきません。メンバーたちがミスしたりすると、どうしても怒ってしまうんです」といった相談を受けることがあります。あなたはどうでしょうか？

高田さんも、以前はよく怒っていたと言います。そんな高田さんが、どうして怒らないようになれたのか。どのように感情の整理をしているのでしょうか。

「以前はよく怒るタイプでした。仕事を抱えすぎていたからか、常にイライラしてい

ました。怒っていないときでも怒っているように見えていたと思います。

人に対しても『なんでお前はこんなこともできないの?』という態度をとってしまっていました。教える術も身についていなかった。

自分が、『これをこうしたらできるよ』と教えられたらいいのですが、その方法を自分が知らないから『なんとかしろよ!』と乱暴に振る舞ってしまっていました。

また、勉強をしてこない人に対して『なんでやってこないんだ』と憤っていましたが、それは大きな間違いだと、あとで気づきました。

私は仕事にかけていたし、成功しようと思っていたし、もっと大きい仕事にチャレンジしたいと思っていましたが、そういう人ばかりとは限らないんですよね。

それで、プロジェクトマネジメントや人心掌握術の本、アンガーマネジメント（怒りを自ら管理する技術）の戸田久実さん（8章に登場）の本もフォトリーディングして学びました」


失敗しない人はいません。失敗をそのままにして改善しないことこそが失敗です。

いつまでも抜きん出ることができない人は、コミュニケーションがうまくいかないことを、周囲のせいにしてしまいがちです。でも、**化ける人たちの多くは、うまくいかない現実に直面し、自分を変えることで大きな飛躍を遂げていく経験をしています。**

うまくいかないときには、自分が変わる

自分の内側を見つめて、うまくいかない原因は自分にあると認め、方向を変える。このスタンスが必要です。

結局のところ、**仕事は効率だけでは成立しません。効率を生み出せるのは、適材適所で伸びる可能性を秘めた人員配置にすること。**そのためには、まず人の心をつかむ関わり方をする必要があります。

高田さんは、自分に原因があることを認めてから怒らなくなり、メンバーたちへのアプローチを変えました。

「ハインリッヒの法則というのがありますね。1件の重大事故の背後には29の軽微な

事故があり、その背景には300の異常が存在するというものです。メンバーへの関わり方を変えるにあたって、私はこの意識をもつようにしました。

その結果、『この人はやる気があるな、じゃあこれをやらせてみよう』『この人はあまりやる気がないな。いきなりこれをやらせたらヘソを曲げてしまうから、こういうことをさせてみよう』などと、大きな問題が起きないように仕事の割り当ても調整するようになりました。

フォトリーディングでいうところの目的設定を変えて、アプローチの仕方も変えたのです。その結果、まわりの人から見ると、怒らないように見えたのだと思います」

人と関わるとき、「相手の立場」に立つことは、基本です。

これを愚直に続けていく人に、人はついていきます。高田さんのコミュニケーション術は、大切なことはとてもシンプルであることを思い出させてくれます。

7

化ける人の発想術

フォトリーディングと芸術の分野は、とても相性がいいという特徴があります。本章では、あっと驚くような方法でクリエイティブな分野を開拓している芸術家を通して、新しいものを生み出していく発想力の磨き方に迫ります。

フォトリーディングをクリエイティブに生かす

「快」と自由な発想でのびのびと創造する

書道家　遠藤郁子《ゆうこ》さん（雅号・蘭舟《らんしゅう》）

PROFILE
東京都出身。家の中に絵や書が飾られ、日常に芸術文化が存在した環境で育ち、６歳より筆に親しむ。日本・中国古典書道を学びながら書道学校に勤務したのち、書道家に転向。個性を生かす書道講座を開催。

「クリエイティブな力や発想力をもっともっと鍛えることができたら……」

私のもとを訪れる人たちから、そんな声をよく耳にします。

フォトリーディングは、じつはクリエイティブな分野や芸術の分野とも相性がよく、身につけてから、アカデミー賞にノミネートされた芸術家もいるほどです。

書道家の遠藤郁子さんは、２００３年にフォトリーディングをマスターしました。書道学校の事務局に勤務していた30歳のとき、今後社会に対して何ができるのかを考えはじめていたそうです。

当時、書道の創作活動でも納得のいく作品が書けず、書道以外に幅広い分野の見識を広めたいと悩んでいたとき、書店でフォトリーディングの本『あなたもいままでの10倍速く本が読める』（フォレスト出版）を手にして興味をもち、マスターすることを決意。

その後、遠藤さんは芸術家として、フォトリーディングのメソッドや考え方を生かした独自の発想で、中国書法学院展優秀新人賞、国際書法芸術展優秀賞及び中国大使館賞をはじめとした数々の賞を受賞しました。

現在は国際書法芸術展審査員も務めている遠藤さんの作品は、アメリカやフランスなど、海外でも展示され、今後ますます活躍の場が広がっていくことを期待されている書道家です。

本章では、クリエイティブな分野に、フォトリーディグをどう生かせばいいのか、遠藤さんのお話をもとに明らかにしていきます。

ほかの人がやっていないことに挑戦する

五感で感じ、違う分野の作品をヒントにする

芸術の分野では、どんなスタンスでいれば、クリエイティブ性をぐんぐん発揮できるのでしょうか。

遠藤さんいわく、書を普通に見るのと、フォトリーディング視点で見るのとでは、明らかな違いがあるそうです。フォトリーディング視点で見たときには、どんなふうに感じられるのでしょうか。

「書を五感で感じることができます。フォトリーディングの解説で『情報を潜在意

識に入れる』ということと同じです。

私は、本だけでなく、書や絵や写真などもフォトリーディングしていました。

私は古い日本画が好きなのですが、そこから受け取ったのは『気持ち』です。描く人が、絵に対して込めた思いのようなものを感じました。

ほかには、作品にどんなテクニックが使われているかに敏感になりました。不思議ですが、たとえば『この絵は、書にはない筆遣いをしている』といったことがわかるようになりました。書の作品を、自分の書の作品に生かすのはある意味当たり前のことなのですが、テクニックに敏感になったことで、絵や写真など、書とは違う作品から得たことを、書に昇華させることができるようになりました」


あえて違う分野のものにも触れたほうが、世界観は広がります。いままでにないアイデアが湧いたり、新しいスキルが磨かれたりもしていきます。

クリエイティブ性を高めたいなら、ぜひ、違う分野のものに触れましょう。

最近、遠藤さんが書いた「夢」という字は、まるで絵画のような、独特な世界観を醸し出しています。

常に自分に問いを立てる

目的をもつと、唯一無二になる

どんな分野の才能を磨く場合でも、目的をもって情報収集していると、「これ！」という情報が向こうからどんどん飛び込んでくるということが起こります。

遠藤さんも、情報収集に目的をもつことを習慣化しています。

「ステップ3のフォトリーディングをするだけでも、たくさんのデータが脳に入ってきますが、とくに、目的をもってフォトリーディングするのと、目的をもたずにするのとでは、書を書くときの結果に雲泥の差があります。

私は目に映るものからもたくさんのヒントを得ているのですが、たとえば『新しい線を見つけよう』と目的設定して街の景色、夕日、鱗雲《うろこぐも》などを見ていると、それらが立体感や線としてダウンロードされていき、私の書の線に生かされているのです。この積み重ねが、結果として受賞にもつながっているのだと思います」

景色まで書のヒントに生かすというのは、とてもユニークな試みですね。**本の知識を詰め込むだけでなく、目に触れるものすべてをヒントに、五感の全感覚を使ったほうが豊かに表現できる**ようになります。そうやって、遠藤さんはすべてのことを書に生かしています。

人と同じ発想をしていては、その他大勢に埋もれてしまいます。新しい作品を生むには、自分のなかで構築されてしまった当たり前だと思っていること、暗黙のルールをあえて疑ってみるのです。

「型破り」という言葉のとおり、既存の型に縛られず、自由に発想を広げていると、見ている人の心をも解放していくのでしょう。

そう考えると、遠藤さんの書が、従来の書の常識を超えた、唯一無二の作品になるのもうなずけますね。

目的をもつことで、オンリーワンの立ち位置が見えてくる

目的をもつことは、情報収集に限らず、あらゆることに当てはまります。

ビジネスでは、その市場でオンリーワンのシェアを取ることが重要です。

もしあなたが、業界の第一人者として何かを極めたいと思っているのなら、すでに流行っているものに手を出してはいけません。

流行った段階で目をつけても、完全に後発になります。つまり、大きなヒットやシェアは望めないということです。

流行る前に目をつける必要があるのですが、その際にも、目的をもつことがとても有効です。

私の場合は、21歳のときに、自分にしかできない仕事がしたいと熱望しました。

「私が自分の才能を発揮できる仕事は何？」という問いを、ずっともっていました。そしてフォトリーディングに出合ったのは35歳のときです。

じつに14年ものときが流れていましたが、日本に上陸したてのフォトリーディングに出合うことができたのです。

普段から、興味のある分野をいろいろと研究して情報を集めておきましょう。そして常に問いを立てるのです。

「私がもっと人の役に立てる仕事は何？」

「この市場を一変するアイデアは何？」

質問はアンテナとなって、無意識のうちに脳が答えとなる情報を集めてくれるようになります。あなたに必要な情報が、人の会話や書籍、ウェブなど、ありとあらゆるところから、目に飛び込んでくるようになるのです。

そして見つけたら即行動を起こしていきましょう。これを続けていると、遠藤さんの書が受賞に至ったように、結果に結びつきやすくなっていきます。

自分の「快」を突き詰める

「快」こそが、人を魅了するものを生み出す

クリエイティブなものを生み出すとき、じつはつくり手が「快」を突き詰めることは、作品にとても大きな影響をもたらします。

遠藤さんが書で実績を残せるようになったのは、フォトリーディングで、「快」を突き詰められるようになったことが大きな要因だったと言います。

「過去の私は、いつも、『みんながやるからやる』という選択をしてきました。でもフォトリーディングで『快』を選ぶことの大切さを教えてもらってからは、一転して『快』

を大事にすることに。のびのび作品を生み出せるようになりました」

「これを成し遂げたい」という目的に「快」の感情があると、意欲も、出せる結果も大きくなります。本心では気持ちが乗らないというものに無理やり注力しても、やはり人の心を動かすものは生み出せません。

人と違うことを恐れず、自分の一番の「快」、つまり「これが好きだ！　これがしたい！　これがほしい‼」を探求することで、個性が出てきます。その個性あふれる感性で突き進むからこそ、人を魅了するものを世に出せるのです。

また、**自分の「快」をそのまま出すと、じつは周囲が喜びます。**「快」を大事にしている人を見ることで、「自分もそうしよう」と気持ちがラクになるからかもしれません。

解放されている心で生み出す作品は、きっと人の心も解放してくれるのですね。

気になるものはすべてフォトリーディングしてみる

フォトフォーカスの目で見る

遠藤さんのユニークな試みのひとつに、「滝のフォトリーディング」があります。華厳《けごん》の滝をフォトリーディングするという発想はどこからきたのでしょうか？

「もともとは水を作品に使うので、湧水を汲《く》みに行くつもりでした。水場に行ったところ、滝があり、ぼうっと滝を見ながら、『滝は書道の筆遣いに似ているな』と思っていたら、なぜかわーっとイメージが湧いてきました。そのときに湧いた水や水滴のイメージを持ち帰りたくて、またぼうっと見ていた

**ら、それが自然とフォトリーディングになったのです。
滝から帰ってきて、『書論』（書道や書法の議論の書のこと）をフォトリーディングし、書くときは、頭のなかに滝が流れている様子を思い浮かべていました。
本番では、いままでに書いたことがない書き方が、ふっと降りてきました。その作品がどんな評価をされるかを純粋に知りたくて、展覧会に出してみることにしました」**

遠藤さんのように、目に入るものはなんでもフォトリーディングすることができます。たとえばダンスの力を磨きたいならプロのダンスの映像、速く走りたいならオリンピック選手の走っているフォーム、造形美を磨きたいなら美術館に行くのもいいですね。プレゼンが上手になりたいなら、TED《テド》カンファレンス（世界的な規模で実施されている講演会）の映像を見てみる、など。

このとき、**フォトフォーカスの目で見てみましょう。そうすると、自分の頭のなか（潜在意識）にデータがダウンロードされて、結果が出やすくなる**のです。

クリエイティブ性を高めたい場合には、ぜひやってみてください。

作品に落とし込む途中で生産的休息をとる

形にしたい気持ちが爆発する瞬間をもつ

クリエイティブな作品を生むとき、人によってたどるプロセスが異なります。遠藤さんが、書の作品に落とし込むまでのプロセスは、分野を問わず、とても参考になります。

「テーマと文字が決まったら、脳内で形をつくって、たくさんの文献を探り、昔はどういう文字だったのか、書体によっての違い、時代背景などを明らかにします。その後、文字を形に起こして、ペンで草稿をつくり、少し放置します。ここで生

産的休息をとるのです。

生産的休息の間は、何をしていてもうっすらとは作品のことを考えています。日常で何かを見たときや電車に乗っているとき、『この線が長かったらどうかな、こっちは縦長かな。どんな紙がいいかな。こういう墨色がいいかな』とイメージを膨らませています。

そして、ある程度書きたい気持ちをためてためてためて、たまりきったと思ったときに、一気に書きます。ためておくことで、自分のなかにある書きたい気持ちを高めていくのです」

生産的休息を間に入れるという遠藤さんの方法は、ぜひクリエイティブの仕事に携わっている人に実践してほしいと思うことです。

この流れは、フォトリーディングでいうと、ステップ1で目的を決め、ステップ3でフォトリーディングして情報を仕入れ、ステップ4で問いを投げるということ。でも、まだステップ5の活性化にはいきません。

あえてその前に生産的な休息をとる。そして書きたい気持ちをためておいて一気に活性化する＝書に仕上げる。この段階を踏みましょう。

この、あえて形にする前に間をおくという効果が、芸術に新たな息吹をもたらします。

書に限らず、**書きたい気持ちをためてためてためてから出すことで、人を感動させる作品が生まれやすくなります。**

まさに「生産的な」休息なのです。

フォトリーディングは、この効果を意図的に活用しています。だから結果が出やすいのです。

故岡本太郎さんは「芸術は爆発だ」という言葉を残しました。自分のなかから芸術を噴出させるには、マグマのような情熱、結果を出したいという熱が、自分の内側になければできないということですね。

自分が魂を込める瞬間を、意図的にもちましょう。

アイデアを形にするプロセス

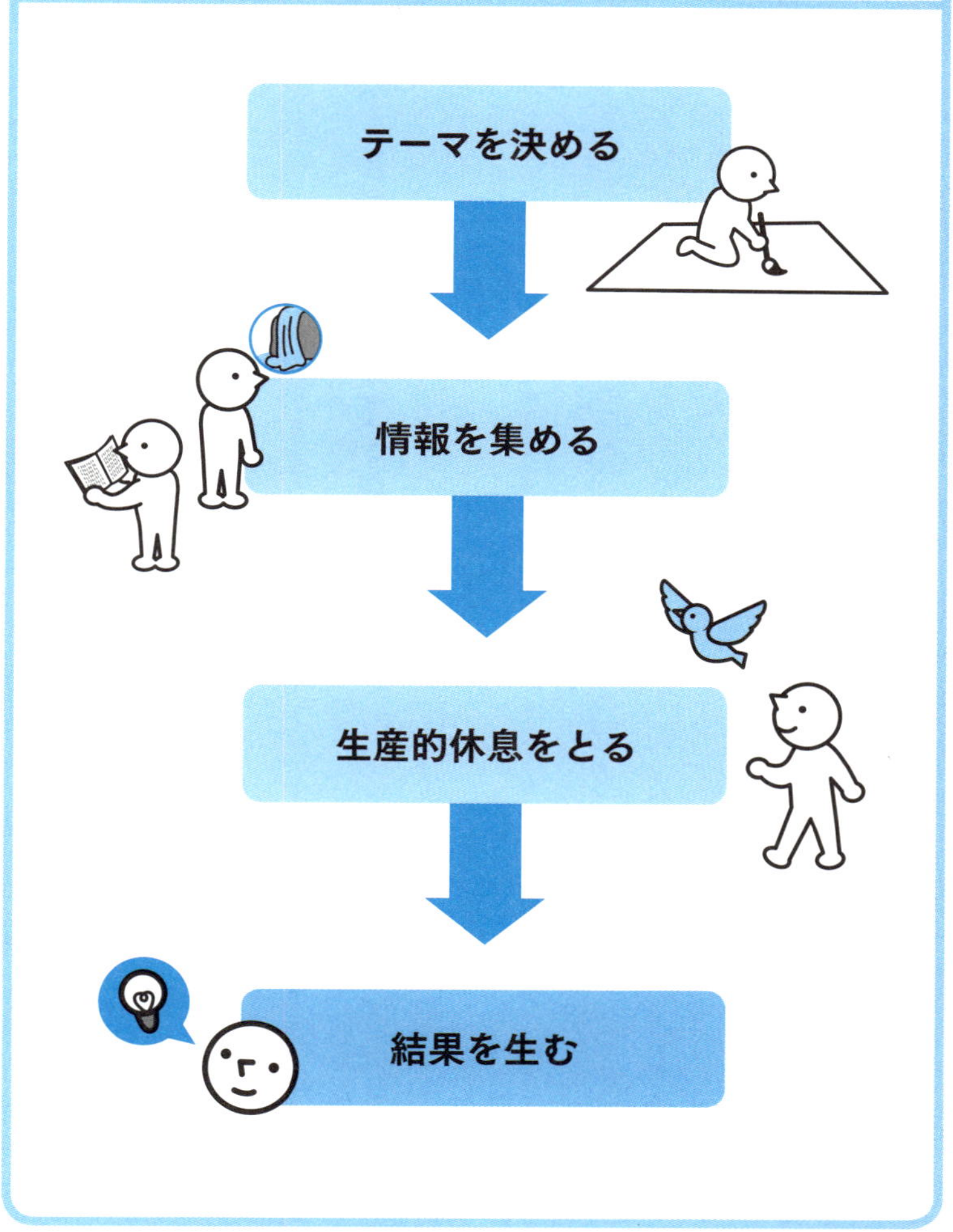

大きな流れに身を任せる

ゴールや軸を決めてから取り組む

コンスタントに素晴らしいものを生み出すプロフェッショナルたちは、作品を生み出す際に、それぞれにかならず意識することがあります。

遠藤さんの場合は、ゴールを決めて書き上げることを習慣化しているようです。

「たとえばディズニーのチャリティーや清水寺へ作品を出したときには、見る人はどういう人なのか、実際に飾られているときの空間はどんなかんじなのかというゴールをイメージしてからスタートさせました。

差し上げたい相手がいる場合には、その人が作品を見ている場面を想像して、思いを込めて形にします。そんなときには、『その人がこんなふうに見ている』という場面をゴールに決めて書き上げます。そのほうがいいものができるのです」

また、遠藤さんは数々の賞を受賞されていますが、フォトリーディングはどのように受賞につながったのでしょうか。

「潜在意識のなかに『たくさんフォトリーディングしてきたから大丈夫』という安心感がありました。『自分の内側から湧き出たものだから、これでいいんだ』という気持ちがあったのが、大きかったと思います」

賞が存在する展覧会などになると、つい受賞することに惑わされてしまいがちですが、受賞することを目的にしてしまうと、肩に力が入ってうまくいきません。それよりも、**自分の一番の軸をはっきりさせることのほうが重要です。そのうえであとは大きな流れに任せる。**そのほうがうまくいっている人が断然多いのです。

情熱と冷静さをコントロールする

気持ちを鎮める時間をとる

174ページでも触れたように、作品を生み出す過程で生産的休息をとることが大切だとお伝えしました。そのほかにも、クリエイティブなものを生み出すときに最適な方法があります。

フォトリーディング講座では、「Edu-k」という体操を教えています。これは、脳を活性化させせたのちに沈静化する運動です。

脳には、活性化するだけでなく、沈静化することも必要です。たとえるなら、情熱と冷静さを自由に行き来するような感覚です。

情熱を人にぶつけるだけではひとりよがりになってしまいますが、情熱と冷静さを行き来できると、それだけ多くの人の感性に訴えかけることができます。

リフレッシュしたいタイミングで、ぜひ「Ｅｄｕ－ｋ」を取り入れてみてください。

Edu-kの体操

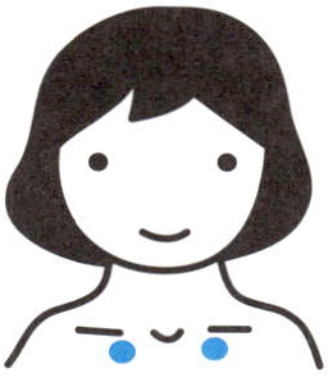

ブレインボタン

1 活性化
鎖骨の少し盛り上がっている部分のすぐ下が、ブレインボタンです。
ここを1分マッサージします。

2 活性化
右手のひらで、左ひざにさわり、左手のひらで、右ひざにと交互にさわります。
これを1～2分行います。

3 沈静化
手と足を組んで深呼吸を3回します。

「こうしたい」という目的は更新し続ける

成長に合わせて目的を変えたほうがいい

成長していくにつれて、目的が変わってくることがあります。遠藤さんも、フォトリーディングに触れるなかで、目指す目的に変化が生まれました。

「書道の活動をはじめた初期は、うまく書きたいと思っていました。でもいまは、上手じゃないくらいのほうがいいという気がしています。どうしたら作品が輝くか、どうやったら人の心を打つのかを考えるようになりました。

賞をいただいてから、作品を見てくださる人が増え、『見ているだけで涙が出ま

す』といったことも言っていただくようになりました。書は私だけの思いではなく、受け取る側の思いで変わっていいと思っています。いまは、『気持ち』が伝わる書にすることを目的に据えています。うまくなることが頂点ではなく、まだまだ先があったのです。登ってみないとわからないものですね」

目的は随時更新していきましょう。

フォトリーディングでも、「目的がずれているな」と途中で気づいたときには、思いきって修正したほうがいい結果に結びつきます。違和感のあるまま突き進んでしまうと、読書も仕事も、実になりません。それくらい目的は重要なのです。

目的は随時更新し、目的地に近づいてきたら、次の目的を設定しましょう。目的を達成してから次の目的を立てようとすると、燃え尽き症候群のようになってしまうこともあるからです。常に目的を更新し続けることは、自分を成長させていくことにつながるのです。

8

化ける人の自分ブランディング術

フォトリーディングを身につけることで、起業に至ったり、本を出版する人が数多くいます。では、うまくいく人たちは、どのような行動をとっているのでしょうか。本章では、唯一無二の自分になるためのブランディング術について、解説します。

唯一無二の自分になる

フォトリーディング思考でオンリーワンを突き詰める

マリッジコーチ　伊関あゆみさん

PROFILE
東京都出身。2児の子育てをしていた専業主婦時代にコーチに。コーチ歴15年。マリッジマップセミナーなども開催し、人気を博している。女性として美しく幸せになるための後押しをするのが天職。

会社に勤めている人からも、自分でビジネスをしている人からも「自分をブランディングしたい」「唯一無二の人になりたい」という相談をよく受けます。

伊関あゆみさんは、結婚21年目で、現在2児の母です。2003年にフォトリーディングに出合いました。

当時、お子さんは1歳と4歳。子育てで多忙ななか、フォトリーディングを使って、ものすごい集中力でコーチの認定資格も取得。時間のないなかでも工夫次第で、やればできるという自信を身につけました。

その後、友人からのアドバイスを得て、しあわせな結婚を願う女性専門のマリッジコーチというポジションを新たに確立。

現在では、天職だと確信しているようです。

いまも日々、クライアントさんの素敵な魅力を引き出し、その人らしく前向きに結婚に向かえるよう、背中を押しています。

自然体で仕事をして、仕事と家庭の両立を実現している、しなやかな生き方は、女性でも無理なく参考にできるのではないでしょうか。

本章の前半では、伊関さんの歩みを追いながら、無理なくできる自分ブランディング術をひもといていきます。

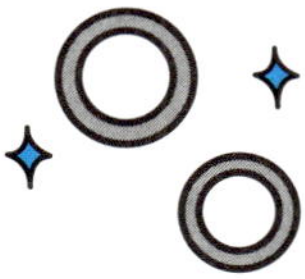

心躍るオンリーワンの分野に特化する

ほかの人がやっていないことに挑戦する

ブランディングを考えるとき、ほかの人が立っていない立ち位置を確保することは、もはや必須事項です。

婚活が流行する前からマリッジ専門のコーチングをしている伊関さんは、まさにブルーオーシャン（競争のない未開拓の市場を見つけること）の発想で、ビジネスに挑戦しているといえます。どのような経緯で、「マリッジコーチ」に至ったのでしょうか。

「フォトリーディングの講座で一緒だった女性と仲良くなり、コーチングを頼まれ

ました。そして、その人に『結婚のことで悩んでいる女性が多いので、結婚をして子育てしながら好きな仕事をしているあゆみさんは、これから結婚したい人のモデルになるはず。だから、マリッジ専門のコーチングをしてみたら？』というアドバイスをもらったのがきっかけです。

当時は『婚活』という言葉が流行する前で、マリッジを専門でコーチングしている人も見当たりませんでした。そこで、『ほかの人がやっていないことのほうがおもしろそう！』と思って決意しました」

これは、まさにブルーオーシャンのビジネスができる人ならではの発想です。ブルーオーシャンとは、ほかとは重ならないオンリーワンの分野ということ。先手を打って、その分野の第一人者を目指す人は、化けやすくなります。

コーチは世のなかにたくさんいますが、結婚という分野に特化した伊関さんが先駆者になったように、**「○○専門」という立ち位置を、自分に当てはめるとどうなるのかを考えてみましょう。**

習慣化で結果を生む

まずは21日間続ける

伊関さんは、フォトリーディングによって、スキルや考え方の刺激を受け、のちに開花したと思う才能に「コツコツ継続して習慣化すること」をあげています。

「なんといっても、コツコツ継続して習慣化することです。いままでは、少しやってすぐに変化が出ないとあきらめてしまっていましたが、フォトリーディングを21日間、毎日続けてみるというチャレンジをやり遂げたことが、とても大きな自信になりました」

習慣化したいことがあれば、まずは21日間続けることをおすすめしています。習慣化できなければ、結果は出ません。伊関さんは、自身のクライアントさんにも、取り組むと決めたことを続けていただくようにして、次々と成果をあげています。

化けられない人は、たった数日、たった数回やってみただけで、結果が出ないと手放してしまいます。一瞬で結果を求める風潮がありますが、それでは盤石な何かをつかむことはできません。かならず試行錯誤の期間が必要なのです。

その目安として、まず21日間という期間を設定してみてください。**たとえ短い時間でも、完璧でなくてもかまいません。**21日間継続してみれば、違う景色が見えてくるはずです。

明確なビジョンを立てると、結果もはっきり出る

自分にも人にも、無限の可能性があると信じる

「目的」を立てることは大切だという話を、これまでにもたびたびしてきました。

自分ブランディングをするには、目的（ビジョン）をはっきりさせることがとても重要になります。伊関さんの場合には、目覚めた才能をどのように仕事で具現化していったのでしょうか。

「コーチングのセッションのなかで、クライアントさんが取り組むと決めたことは実行しやすいように、達成しやすい小さな目標にして、まずは21日間（テーマによっ

ては時間がかかることも）続けていただく宿題を出しています。

佐貴子さんが私を応援してくださったように、クライアントさんに関わらせていただくことによって、3カ月間のコーチングが終わるときには、『すっかり変化してもとの状態を思い出せない！』という人も大勢いらっしゃいます」

伊関さんがクライアントさんをサポートするときには、相手の可能性をとことん信じるスタンスを一貫してもって関わるそうです。

「誰でも、まだ気づいていない素晴らしい能力をもっているということを、フォトリーディングの講座を通して知ることができました。

また、可能性の天井をつくっているのは自分自身なんだ、ということにも気づくこともできました」

「誰もが可能性をもっている」という気持ちは、自分自身に対しても、また親やリーダーのあり方としても、もっていたいことです。

こちらが勝手に「これくらいだろう」と制限してしまうと、人はそのとおりに行動をします。そうではなく、**「可能性は無限大だ」というビジョンを描いたほうが人は伸びます。**

「フォトリーディングを何のために使うのか？　生かすのか？」ということがあってこそ、本から得られた知恵は生かされるもの。ビジョンをもってフォトリーディングを実行する人は、圧倒的な結果を出します。

このときに気をつけたいのは「信じる」ということ。

口では「こうなりたいです」とビジョンを語っても、「実現は難しいだろうなぁ」と心の奥底で思っていたり、「なんとなくこうなればいいな」というあいまいなイメージでいるだけでは、ついやすきに流れ、達成が難しくなります。

「思えば叶う！」と信じて、明確なビジョンを立ててみましょう。

そのほうが、結果もついてきます。

ビジョンの立て方・のぼり方

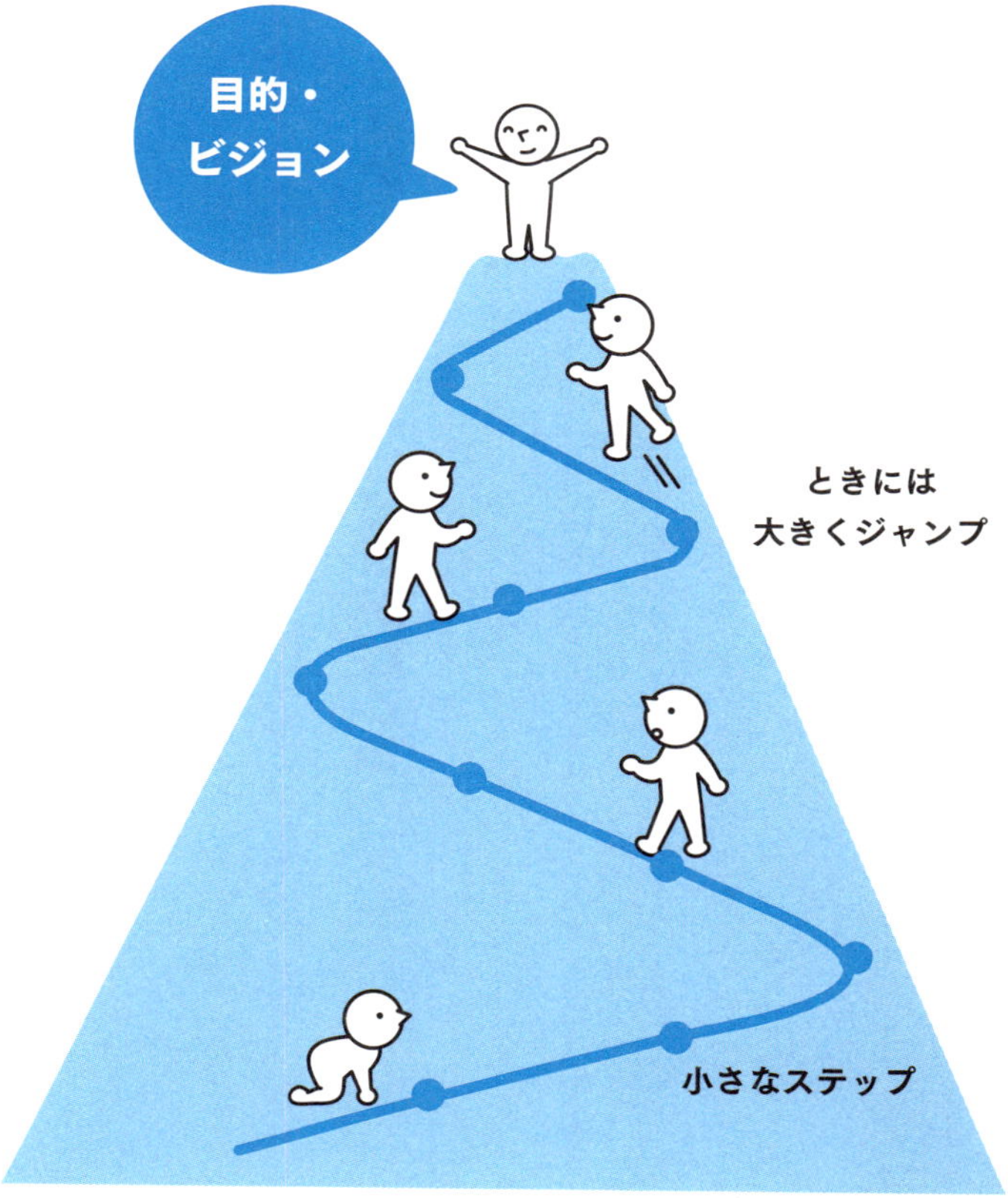

小さなステップからはじめて、
目的を達成しよう

ピンときたら動いてみる

会話からアイデアの連鎖が起こる

自分で仕事をつくっている起業家やフリーランスの人たちに欠かせないのはアイデアです。新しい仕事を企画する力がある人ほど、ビジネスは盤石になります。

伊関さんは、仕事を企画するときのアイデア発想術について、こんなふうに語っています。

「気になる情報を受け取って、ピンときたときにはすぐに行動するようにしています。コーチや前向きな友人と話をしていると、どんどん話が具体的になってくるので、

さらに行動して話をして……という流れで、アイデアが形になっていくのです」

目的があると質問が生まれます。質問を投げかけ合っていると、会話から答えが生まれます。これは、アイデアが湧き出すいい連鎖です。

ちなみに、問いに対してぴったりな答えが出てきたとき、書籍の場合にはそのフレーズがぱっと目に飛び込んできますが、人からの話などの音声情報は「ピーン！」とくるものです。

ピーンときたら動いて、その結果がよければ直感は当たっていたということ。これは直感を磨くことにもなれば、いいアイデアを生み出す技術でもあります。

ひとりで机に座っているだけではアイデアが湧きづらいという場合には、人との会話のなかで「ピーン」を見つけるといいですね。

本を出版できるほど、オンリーワンを突き詰める

リサーチ力を高めてブランディングに生かす

大手企業を中心にオファーが殺到する人気研修講師　戸田久実さん

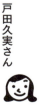

PROFILE

大阪府出身。アドット・コミュニケーション株式会社 代表取締役。一般社団法人日本アンガーマネジメント協会理事。立教大学卒業後、企業研修講師に。講師歴は約25年。登壇数は3000を超え、指導人数は10万人に及ぶ。

「いずれ自分の本を出版したい」という夢をもっている人は、少なくないのではないでしょうか。

戸田久実さんは、25年以上のキャリアをもつ企業研修講師です。大手金融機関や製薬会社、官公庁をはじめ、さまざまな組織で研修・講演を実施。これまでの登壇数は3000を超え、指導人数は10万人に及びます。

「伝わるコミュニケーション」を軸に、アンガーマネジメント、アサーティブコミュニケーション（相手を尊重したうえで、誠実に、対等に意見を伝えるコミュニ

ケーション）などを誰でも実践できるよう、わかりやすく伝えている彼女。

２０１０年8月にフォトリーディングを学んだのちに初著作の出版が決定。その後も次々と新刊を刊行し、２０１７年時点で8冊の本を世に出す人気ベストセラー著者になりました。主な著作に『アンガーマネジメント 怒らない伝え方』『アドラー流 たった1分で伝わる言い方』（いずれもかんき出版）などがあります。

戸田さんは、もともと本が好きだった分、最初は「こんな読み方で内容が入るの？」と思ったそうです。でも何回か試していくうちに活用できることを実感。現在は、**本の執筆にもフォトリーディングを生かしている**といいます。

本章の後半では、戸田さんのエピソードを紹介しつつ、自分ブランディングをしながらフォトリーディングを出版へ生かす方法や、次々と企業からオファーが殺到するヒントをお伝えしていきます。

キーワードをつかみ取る

必要なフレーズを探す

「本を書く」という作業は、当たり前ですが、フォトリーディングととても相性がいいものです。

戸田さんは、本の執筆時には、類書を数冊一気に読むことがあるそうです。そのときには、かならずフォトリーディングを活用していると言います。

「本を読むのはすごく速くなりました。加えて、執筆の打ち合わせをしていると、編集者から『戸田さんはフレーズを探すのが上手だ』と言われます。

本を書くときは、自分が書くテーマの類書をたくさんそろえます。ほかと同じような本を書かないようにするためと、ほかの本のなかで、ヒントにできる視点があるかもしれないので、いろいろな本を読むようにしているのです。

でも熟読はしていません。必要なキーワードやフレーズを拾うだけです。

この『フレーズ探し』が上手だと言われるので、フォトリーディングができているのかなと思います」


自分ブランディングを立てるときも、執筆するときも、同業者の人たちがどんな立ち位置、どんな発信をしているのかを探ることは有効です。完全に真似をするのはもちろんNGですが、**他者を見ることで、ほかの人と自分との違いが浮き彫りになりやすく、結果的に「私は〇〇の専門家なんだ」という自分ブランディングも立てやすくなる**からです。

リサーチするときには、一度に複数の本をピックアップするわけですから、熟読する時間はありません。ざっとフォトリーディングして、目次のキーワードを拾うだけでも、十分に分析できます。

相手の言葉の先を読む力をつける

キーワードの拾い読みで発想が広がる

フォトリーディングを身につけた成果として、戸田さんは8冊の著書の出版をあげています。加えて、研修講師としてご活躍されている戸田さんは、大量の資料や本を読む機会も多く、フォトリーディングで頭に入れています。

「成果は、なんといっても8冊もの本を出版していることです。また、研修講師をしているので、いろいろな資料や本を短時間で読むときに役立っています。受講者の事前アンケートがもらえるタイミングは、講座の直前のときも多いので

すが、全部読み込まなくても、フォトリーディングすることでアンケート内容が頭に入るので、『ここを聞きたいんだな』というのが短時間でわかります。振り返ると、読み込んでいたときには、大事なところを蛍光ペンでマークしているのに、何回も読まないと頭に入りませんでした。でも、フォトリーディングの場合は、短時間で頭のなかにキーワードが入り、記憶していられるのです」

フォトリーディングでキーワードを拾うという作業は、資料などの読み込みのときに、とても効果的です。大きく分けると、2つのメリットがあります。

1点めは、まずしっかり記憶に定着するということ。

なんでもかんでもすべて頭に入れようとすると、逆に頭のなかに何も残らないということが起こりますが、**キーワードだけ拾えば、忘れません。**

もう1点は、**キーワードを拾うことで、相手の本当のニーズに気づくことができる**ということです。

たとえば、「上司に対してストレスがたまっているんです」というアンケートの回答があったとします。文章をそのまま受け取ってしまうと、上司に対してのストレス対処法しか思いつかなくなりますね。でも、実際はストレスの原因は上司だけではない可能性もあります。

一方、「ストレス」「上司」というキーワードを拾ってみるとどうでしょうか。ただ単に、上司へのストレスがたまっていることだけがテーマになるわけではなく、「上司を変えるのは難しいから、自分が変わろう」「上司に限らず、ストレスを与えてくる相手のクセを知ろう」「上司の何がストレスを感じさせるのだろう」などと発想が広がって、**相手のニーズの深い深いところまで探ったたくさんの解決法が湧いてくるようになるのです。**

このやり方は、化ける人たちが自然と実行しているとても大切なことです。

表面に出ていることだけにとどまらない相手のニーズを汲み取れる力を身につけることができるようになります。文章にまるまる線を引くのではなく、キーワードの拾い読みを、ぜひ実践してみてください。

本を読んで実行に移すまでのプロセス

このキーワードがあるということは…

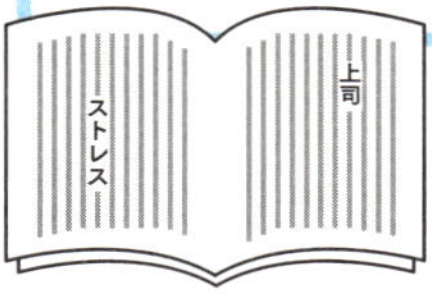

↓

上司が違う人になっても
起こりうることだな

↓

それなら、人生で
ずっと役に立つ知恵をもったほうがいい

↓

ストレス対処の方法を、基礎から学ぼう

「これがしたい！」という希望を現実化するには？

理論だけでなく映像で思い浮かべる

思い描いた希望を実現しやすい人と、なかなか実現させることができない人がいます。その差はどこにあるのでしょうか。

「じつは『こうなるだろうな』『こうしたいな』という希望は、だいたい実現しています。フォトリーディングを身につけてから、さらに『夢は具体的に映像で見るべきだ』と思うようになりました。

私の場合、とても大きくて抽象的な夢ではなくて、『この仕事をしたいな』『この

クライアントの仕事をしたいな』『こういう立場でいたいな』『こういう状況でありたいな』と思えることは、具体的に映像で描くようにすると、だいたい実現します。フォトリーディングを知る前は、そこまで具体的な映像を浮かべていなかったのかもしれません。

2010年に、セミナーで『5年後は何をしていたい?』と聞かれ、『出版してBtoCのビジネスもしたい』と宣言したのですが、いまは全部叶っています。潜在意識の存在をうまく使えているのかもしれません」

映像を描くことは右脳の働きです。化ける人は、脳をどのように使っているのでしょうか。

「私がしている研修講師の仕事は、論理的であることが求められますし、人の話を聞いて、的確にフィードバックしなくてはいけません。研修や講演のときには、筋道を整えて構築しなくてはいけないので、左脳もかなり使っています。

でも、同時に右脳も使っていて、講演のときに『目の前の人はこんな顔をして聞

いているだろうな』という映像を思い浮かべたり、最後に『ありがとうございました』と言った瞬間の映像まで、事前に浮かべるようにしています。

これは講演が成功するようにという思いからで、『気難しい人がこんな顔していたらどうしよう』といった不安をなくすのに、とても役立っています」

化けている人たちは、右脳と左脳の両方を使って仕事をしています。

アインシュタインは、右脳と左脳の両方を使った典型的な人です。彼は特殊相対性理論を発見する前段階で、まず右脳で宇宙を映像としてイメージしたといいます。そして右脳で描いた絵をもとに、左脳を使って10年かけて研究し、言語や数字をあてはめていったそうです。それが特殊相対性理論につながったのです。

筑波大学名誉教授の村上和雄さんが「ノーベル賞ものの発見をするならば、両方の脳を使う必要がある」とおっしゃっています。これは誰にでもいえることで、結果を出したいなら、意識的に右脳と左脳の両方を使うようにしましょう。

化ける人の脳の使い方

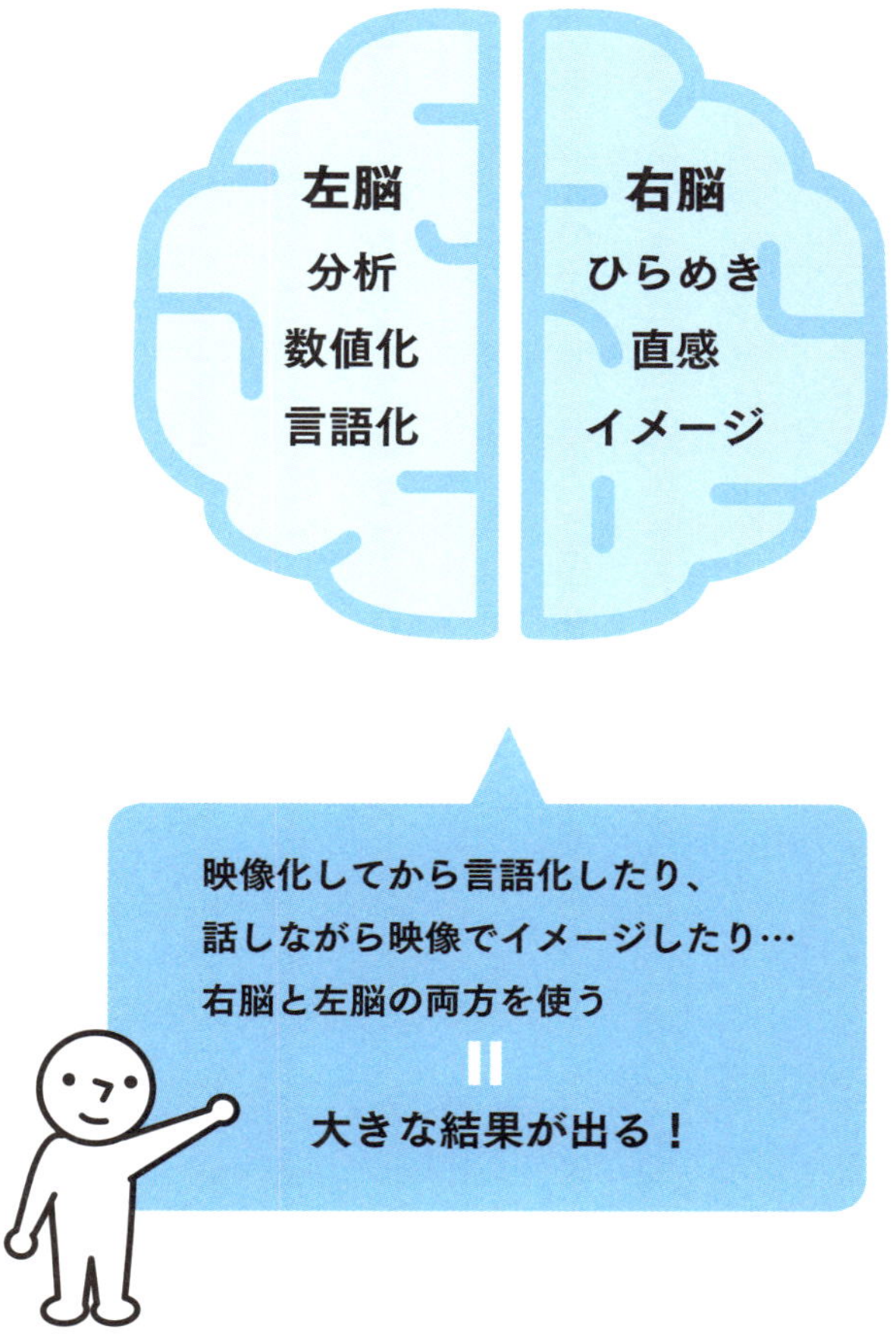
左脳
分析
数値化
言語化
右脳
ひらめき
直感
イメージ
映像化してから言語化したり、
話しながら映像でイメージしたり…
右脳と左脳の両方を使う
＝
大きな結果が出る！

5年後、10年後に焦点を合わせる

プランニング能力を高める

いまから5年前や10年前、あなたは何をしていましたか？

5年間の年月が過ぎると、たとえば、家族構成が違っていたり、会社や役職が違っていたりする可能性がありますね。10年後には、10年前にはまったくなかった技術もあふれていますし、新たな技術が生まれているでしょう。

世のなかは、日々変化を遂げています。人工知能のＡＩが、私たちの職業の多くを担っていくということを10年前に想像できたでしょうか？

10年という期間がもたらす技術革新は私たちの生活に影響を与えます。

あなたが5年後、10年後、どのように働き、暮らし、仕事をしていたいのか。そのためにどういう助けが必要でどういう知恵が必要なのか。それを考えて準備をしていきましょう。いざ必要になったそのときに、時機を逃さず形にするには、それまでの準備が大切になってきます。

数多くの化けた人たちを見てきて実感しているのは、未来を予測して逆算し、「いま何をするのがベストなのか?」をとらえて行動することの重要性です。

化ける人は、プランニング能力が高いのです。そして、動くスピードや、時代の流れを察知し、プランしたものを柔軟に書き直していきます。

それができれば、怖いものはありません。

自分ブランディングは、自分プランニングともいえるかもしれません。

9

化ける人のマネジメント術

化ける人たちは、マネジメントや経営面にも手腕を発揮します。では、本を読むこと、フォトリーディングを、どのようにマネジメントに生かすことができるのでしょうか。本章では、そのための秘訣を紹介します。

フォトリーディングを経営に生かす

多忙ななかでも最良の答えを出し続ける

「名代富士そば」ダイタンホールディングス株式会社　代表取締役社長
丹有樹《たんゆうき》さん

PROFILE
1974年生まれ。神奈川県出身。大学卒業後にテニスコーチになるという異色の経歴をもつ。現在は関東圏と海外にも店をもつ人気立ち食いそばチェーンの二代目として、事業を拡大している。

首都圏の主要な駅の前にはかならずあるといってもいいほどの立ち食いそばチェーン「名代富士そば」。丹有樹さんは、その代表を務めています。

売上は２０１６年が87億円。従業員数は１２００名を超え、２０１７年7月現在で、国内１２２、海外10（台湾４、フィリピン５、シンガポール１）の店舗を展開しています。

丹さんがフォトリーディングに出合ったのは２００２年。当時はテニスのコーチをしていたものの、伸び悩む日々。その悩みが、フォトリーディングのあるメソッドで解決したことに衝撃を受け、考え方が大きく変化したといいます。

その後、創業者であるお父様から富士そばを引き継ぎ、二代目経営者に就任。海外展開をはじめ、さまざまなチャレンジを続けるなかで、フォトリーディングの知恵を、スタッフの育成や経営全般に幅広く生かしているとのこと。

経営者の一瞬一瞬の決断はスタッフ、会社全体へはもちろん、取引先、ひいては社会にまで影響を与えます。丹さんは経営者としてどう考え、どう決断しているのか？　その大本には何があるのか？

本章では、丹さんの実践体験をもとに、フォトリーディングを、マネジメントや経営に応用する秘訣に迫ります。

右脳と左脳のバランスを整える

経営は右脳と左脳の両方を使う

丹さんは現在経営者として重責を担う日々ですが、フォトリーディングを身につけた当時は、まだ経営に携わっていませんでした。フォトリーディングを身につける前とあとで、どんな変化が起きたのでしょうか。

「私は、小学生のころから左脳的な積み上げ式の勉強が合っていて、枠のなかで生きていくことが上手な優等生タイプでした。

ですから、テニスをしていたときも、自分で枠をつくって、その枠のなかで物事

をこなしたいと思って生きてきたけれど、試合に勝てず行き詰まっていました。

でも、試合は枠のないところでしているわけですから、枠をつくったほうが負けるのが当たり前。それが、後々わかりました。

フォトリーディングを学んだことで『右脳的な部分をもっと使っていいんだな』と感じられたのも大きかったですね。左脳的な思考の仕方しか知らなかったら、危なかったなと思います。いま見えていないものがいっぱいありすぎたはずです。『富士そば』の経営でも、出店に際しては、まず土地を決めるのですが、立地などの（左脳的）データももちろん必要なものの、道の前を通る人の表情や、ここは繁盛するかもしれないという勘も必要です。あのままロジカルな思考だけで経営をしていたら、失敗していたかもしれません」


左脳だけで経営していたら失敗していたかもしれないという言葉は、経営経験者の私から見ても真実だと思います。

左脳的経営というのは、数字や効率だけを重視して経営すること。

一方、右脳的経営とは、フォトリーディングでいうところの「やる気スイッチを入れる」ことにあたります。人は「快」な感情があるからこそ動けるのです。たとえば、一見非効率に見えることのなかにある「人を育てる」ことはとても重要な要素で、これを欠いては会社は成り立ちませんね。

これは左脳的経営だけでは、大事にできないことです。

子育てを例にあげるとわかりやすいでしょう。私自身が実感することでもありますが、子育てはじつに非効率です。子どもは効率を考えて生きていません。そのとき楽しいことに夢中になります。

そして、好きなことに対しては、大人が想像できないスピードで情報を吸収していきます。

人間にも活動時間と休息・睡眠時間が必要なように、両方があってはじめてバランスがとれるものです。経営も、**効率ばかりを重視する左脳的経営は、短期的に発展することはできても、長期的に見ると、それだけでは存続できません。**

ひらめきもアイデアも、人を育てるということも、決して理性だけで成立するものではありません。つまり、右脳的な発想が必要だということです。老舗企業などは、人を育てるという観点がなくては存続しなかったはずです。

両方の脳を使って仕事をすることは、慕われるリーダーのあり方だと思います。

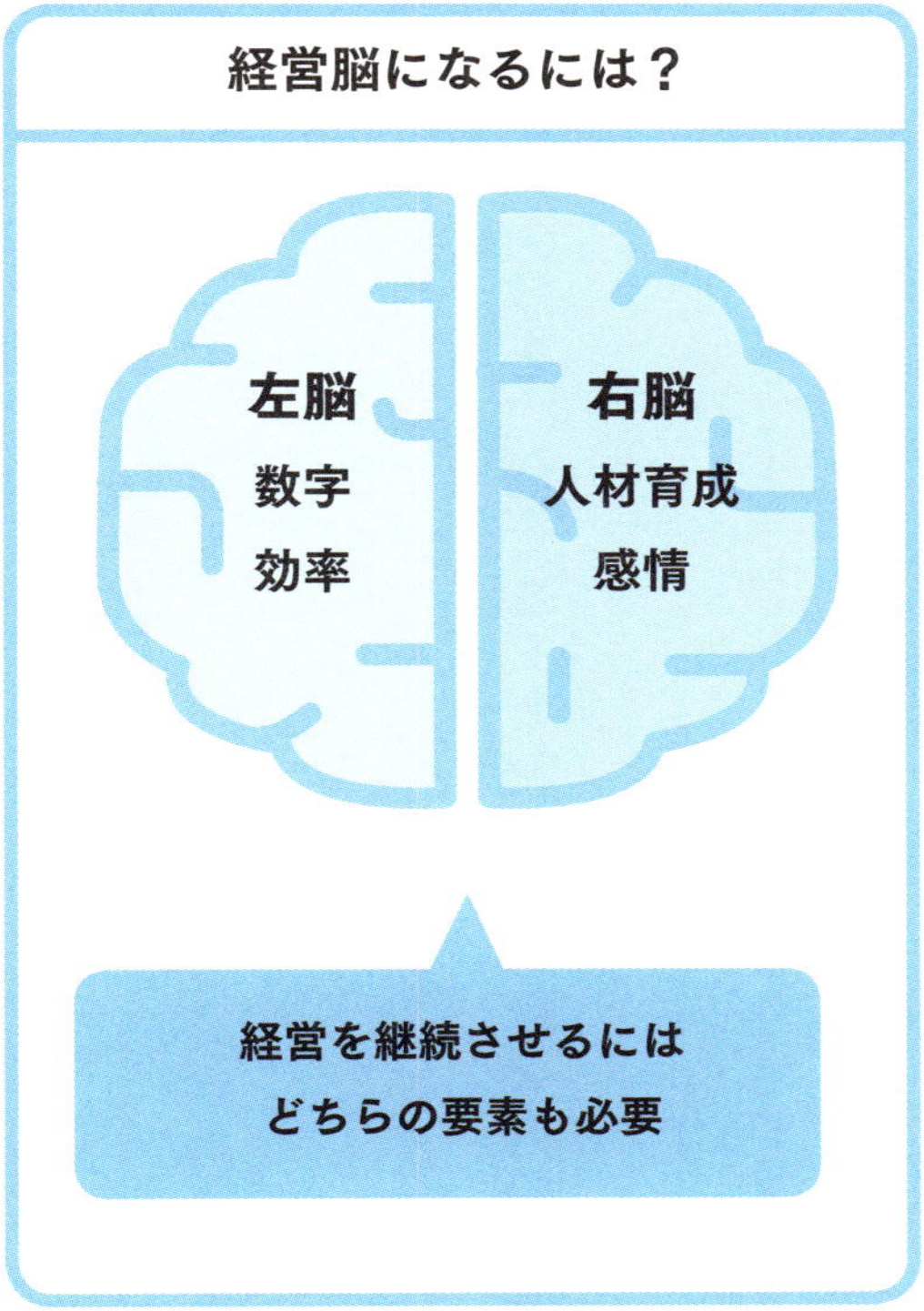

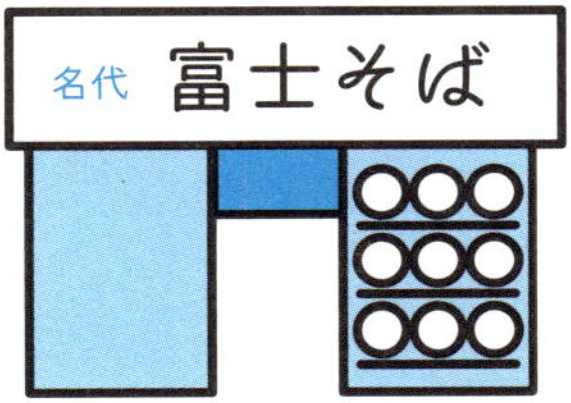

失敗に寛容になる

失敗を、何を捨てて何を残すかを決めるきっかけにする

ビジネスにも人生にも、失敗はつきものです。重要なのは、失敗したときに、どんな対応をするかということです。経営者である丹さんは、仕事で失敗したとき、トラブルが起こったとき、どのように対処しているのでしょうか。

「失敗に対しては寛容であることを大事にしています。これは当社のなかで根づいていることです。私の失敗もそうですが、これだけ出店していると、どうしても外

すときがあるわけです。でも、それはそれで挑戦した結果なので、割り切って考えるようにしています。それで怒って動きが止まることのほうが、ダメージが大きい。失敗には寛容でありつつ、これ以上、失敗しないための対処法を探ること。そのほうが大事なので、失敗は想定内だと思うようにしています」

失敗はゼロにすることはできません。次に同じ失敗をしないこと、そして経験として次の仕事に生かせたらいいのです。失敗にどう対応するかは、経営者としての器と手腕が問われるところです。

組織を長期的に運営できている経営者たちは、会社の未来を見据え、どのような事柄なら改善しなければいけないのか、どのような事柄ならあえて問題解決しなくてもいいのかを常に念頭に置いています。

それを社員にも共有しておくと、リーダーが不在のときでも賢明な判断ができる社員たちが育ちます。

フォトリーディングで書類や資料のチェックをする

探る必要のある数字や改善ポイントが目に飛び込んでくる

決算書や経営計画書、業務報告書など、私たちは日々膨大な資料に囲まれています。これは会社員でも同じではないでしょうか。多忙で書類をゆっくり読む時間がないという人は多いのですが、そのときに、丹さんが実践しているフォトリーディングを使った書類チェック法は、とても役立ちます。

「書類を確認するときには、『ポイントがどこにあるのか』という見極めと、『違和感のあるところはどこか』を目的に設定して、フォトリーディングします。

すると、気になる数字が出てくるもので、『あれ、これ何？』と感じるのです。実際に気になる数字の部分を探ってみると、問題があったり、無視してはいけない部分だったりします。

これは直感に当たるものだと思います。ぼんやり見ていて気になったことを突っついていくという感覚です。これで十分チェックはできています」

会社の経営に大切な分析資料のデータをフォトリーディングしてから、気になるポイントを質問していくと、思いもかけない数字的なミスや、大きな改善ポイントを発見することがあります。

このときの**やり方は、「私がいま気づいておくべきポイントを探す」と目的設定すること。**そしてフォトリーディングで資料全体に目を通すことです。

私が取締役を務める会社の経理担当者もこれを習慣化していて、月次決算の表のなかから数字のミスを発見する能力が抜群に上がったと言います。

すぐにできることですから、みなさんもぜひやってみてください。

必要なテーマの本を数冊同時に読む

時間がなくても最良の答えを出せる

新しい事業やプロジェクトを手がけなければならなくなったとき、あなたはどうしていますか？　時間がないなかで複数の業務に取り組んでいる人も数多くいるはずです。丹さんは、商品化にフォトリーディングを生かしていると言います。

「シンガポールに富士そば二八（ニハチ）というブランドをつくったときに、いままでやってきたことのない高級店の路線で展開することになりました。当たり前ですが、店舗デザインなどが従来の店舗とまったく違うのです。私が決

めなければいけなかったのですが、まったく経験のないことでこのままではまずいなと思ったのです。

時間もなかったので、あちこちのお店を見学する暇もありません。そこで、まずは書店に直行。おしゃれな店が載っている本の写真を大量に見て、『なんとなくこんなかんじ。これもあり。これはなし』とイメージを膨らませていきました。これで店舗デザインも、店舗設計もできてしまいました」

時間がないなかでさまざまな判断をしなければいけない人には、おすすめの方法です。7章でも触れましたが、フォトリーディングは、文章のある本だけでなく、さまざまなものに生かすことができます。

ここで数冊を一度に読むときのポイントを解説しておきましょう。

1 まずテーマを決める

具体的に**どんな結果を生み出したいのかに焦点を絞って決めましょう。**

たとえば、プレゼンテーションで契約を取りたいなら「○○株式会社から受注できるプレゼンテーションをするために」と設定します。

2 得たい結果に沿って本を選ぶ

得たい結果に到達するために、何をプラスアルファしなくてはいけないのかを考えてから本を選びましょう。 そもそもプレゼンに自信がないのなら、相手を引きつけることができるプレゼンの本を選びます。

一方、競合他社がたくさんいるなかで、クライアントに自社の商品を選んでほしいという場合には、商品を分析する方法や、値段交渉も有利にできるような交渉術の本を選ぶといいでしょう。得たい結果によって、選択する本は変わってきます。

3 ひとつの分野に絞るか複数の分野に手を出すか決める

得たい結果に到達するために、プレゼン術と交渉術の両方が必要だと思うなら、2つの分野を混ぜて読みましょう。そうすると、それぞれの本の重要なポイントを掛け合わせて、成約が取れる手法をつくり出すことができます。プレゼンだけに特化するのであれば、プレゼンの分野のみ数冊を選んで読むのもいいですね。

4 アウトプットを見据えて読む

結果に結びつけるには、2～3冊を一度に読んで、すべての本からもっとも重要な情報のトップ3を選んで、実践することです。あまり数が多いと分散してしまうので要注意。数冊を同時に読むときには、1冊の本にこだわりすぎず、バランスよく全体を読むことをおすすめします。

繰り返しになりますが、本は、決して高くない投資ですぐ情報が手に入る最良のツールです。数冊を一度に読む方法を知っていると、仕事で「困った!」ということが起こったときに、短時間で本からアイデアを得て、行動に移せます。必要な時間はわずか1～2時間。誰かに相談する手間もなく、改善案やアイデアが入手できます。

これは、丹さんのような経営者でなくても生かせることです。

ぜひ本を使ってあなたのオリジナルのアイデアを生み出し、積極的にアウトプットしましょう。それが未来への大きな一歩になります。

10

化ける人の資格取得・受験勉強法

フォトリーディングを生かして、短期間で資格取得や受験を合格してきた事例はじつに多くあります。本章では、どうすれば成果をあげられるのか、具体的な事例や方法をあげながら、解説していきます。

倍速勉強法で第一志望に合格する

フォトリーディングで学びも遊びも両立させる

飲食プロデュース会社　社員　山口祐加さん

PROFILE
1992年生まれ。東京都出身。地元の小学校から5年生のときに福井県勝山市の、私学「かつやま子どもの村小中学校」に転校。大自然に育まれた寮生活をしながら、高校の受験勉強に励んだ。

「受験に合格するために、フォトリーディングを身につけたいです」

そう言って私のもとを訪れる受験生たちが、毎年かならずいます。

山口祐加さんは、中学3年生の夏、模試で偏差値が38だったことにショックを受けて「フォトリーディングで志望校に受かりたい！」と宣言。

偏差値55の志望校に合格するため、半年間で3教科の偏差値を15～20引き上げ、合格をつかみました。塾に通う頻度は月1回のみだったといいます。

高校でも、部活を続けながらフォトリーディングを勉強に活用。偏差値が1年後には64になり、特進クラスに上がり、偏差値約70の慶應義塾大学に合格。中学校3年生のときに偏差値38だったころと比べると、大きく飛躍しました。定期テストでも、主要科目は毎回90点超で、高校の5段階評価の評定の平均値が4・85になったといいます。

フォトリーディングを身につけたことで、本嫌いから、一転して本が好きになり、卒業後は出版社に就職。転職したいまも、新しい情報を短時間で仕入れるために、フォトリーディングは欠かせないそうです。

「日々やらなければいけないことがたくさんあるなかで、学びも遊びも楽しみたい」

本章では、そんな世代に向けて、受験勉強や仕事に、フォトリーディングをどう生かせばいいか、山口さんの具体的な実践法を交えながら解説していきます。

大切な本は最初にフォトリーディングしておく

フォトリーディングの反復で自信がつく

フォトリーディングを勉強に生かすには、いろいろな方法とコツがあります。山口さんの場合には、どんなふうに活用していたのでしょうか。

「高校に入ってすぐに、まずすべての教科書をフォトリーディングしました。潜在意識に入れておいてから授業を受けたのは、大きかったなと思っています」

これはぜひやってほしい方法です。フォトリーディングすると、取り入れた情報は長期記憶にダウンロードされるので、つまり「熟読済み」という認識になります。それから勉強に取り組めば、頭に入る量が格段にアップします。

「事前にフォトリーディングしていたことで、授業中の先生の話のなかで、『ここはポイントだな』というところを察知でき、記憶に残りやすくなりました。

定期テストのときだけ、寝る前には授業ノートを、テスト直前には教科書、授業ノート、テストノートをフォトリーディングしていました。加えて、試験時もテスト用紙が配られたら、まずフォトリーディングして、『問題がスラスラ解けます』とアファーメーションして受けていました。そんなことで、1点でも点数が増えるならラッキーだと思って（笑）。解けない問題も、あとからするっと答えが出てくることがあったので、わからない問題が出てきても、あまり不安にはなりませんでした」

問題集もノートもテスト用紙も、ひとまずいったんフォトリーディングしてみるというのは、とてもおすすめです。回数を重ねることで、脳も心も、非常に安定します。何か学んでいるものがある場合には、ぜひ実践してみましょう。

フォトリーディング＋メモで記憶の定着率を上げる

ノートの取り方を工夫する

とくに勉強のときには、ノートの取り方によって、記憶力に差が出てきます。フォトリーディング＋メモを実践することで、記憶の定着率がぐっとアップします。

山口さんは、ノートの取り方を工夫していました。

「通学途中の勉強用には、キーワードをオレンジ色やピンク色でノートに書き込み、その部分を赤シートで隠してテストしていました。電車のなかで立ったまま、赤シートで隠しながら、『ここは何だったっけ』と思い出しながら勉強していました」

これは白紙復元的な勉強法です。白紙復元とは、答えをまったく見なくても、白紙に答えどおりのことを書ける状態にすることです。

脳には、欠けている部分を補いたくなる性質があります。パズルで、足りないピースがあると、そこを埋めたくなるように、穴ぼこがあると、平坦にしたくなるものなのです。人間がもっているこの性質を、試験勉強に生かすのはおすすめです。

「そのほか、受験勉強や定期テストの勉強用には、もう1冊ノートをつくっていました。定期テストの場合は、試験日の2週間くらい前から作成しました。ノートをつくっておくことで、『ここだけ覚えておけば、テストは大丈夫』という安心感があり、『全部覚えなくちゃ』といったストレスがなくなりました。また、フォトリーディングで『カラフルなほうが記憶に残る』と学んでいたので、色分けを意識したというのもあります」

色は2色にとどめるのがいいでしょう。3色以上になると、「これは◯◯のための色、これは△△のための色」とルールをつくらなければいけなくなり、面倒くさくなるほか、頭も混乱しがちに。2色なら、最重要箇所と重要箇所にチェックをする、といったシンプルで要点もつかみやすいメモにできます。

「自分のモチベーションを上げるために、好きなタレントの写真をノートに貼ったりもしていました」

自分にとっての「快」を創造するのはおすすめです。自分のやる気が上がるものならなんでもOK。自由です。

嫌いな教科ほど、楽しくなるようにデコレーションするといいですね。

ゴールまで、より具体的に道筋をつける

入試が近づいてくると、受験科目の勉強や面接や小論文の対策など、複数のことを同時進行しなくてはいけなくなります。そんなとき、プランニングが必要になってく

るわけですが、山口さんの場合は、まずやらなければいけないことを洗い出し、使える時間はどれくらいなのか、学校の勉強や、日々の生活、睡眠時間をすべて除いて計算したといいます。

このプランニングは、資格取得や仕事で結果を出すためには必須行動です。フォトリーディングができても、試験勉強プランを立てることができなくて合格できないというケースを、私はたびたび目の当たりにしてきました。

プランニングのコツは、現時点の自分の状態を把握すること。そして、先生に相談しながら、合格するために、何をどれくらい強化すればいいのかを浮き彫りにしましょう。**その後、試験日までの期間に、「ここまでにこれをする」というタイムリミットを設定していきます。**予定どおりいかないことがあっても挽回できるように、余裕をもってプランニングしておくようにしたいですね。

自分に合った方法を貫く

しっくりこなければ途中でやり方を変える

勉強することにおいて大切にしたいのは、なんといっても自分に合った取り組み方をすることです。山口さんは、その点を徹底していたといいます。

「私は飽きやすい性格なので、ずっと同じことに集中し続けるのは無理なんです。小論文の勉強をしたら、次は面接の練習をする、というように、ひとつのことを長く続けるのではなく、時間で区切っていくつかの勉強をするようにしていました。仕事に対しての向き合い方もそうです。自分に合った勉強法を見つけていくのは、

とても大事なことだと思います。
ほかには、ノートにプリントを貼ったり、1回解いて覚えてなかったところには星マークをつけたり……と、常に自分が勉強しやすい形に落とし込みました。
人の言うことをあまり鵜呑みにはしないので、先生から『この勉強法で勉強するといいよ』とアドバイスされても、自分に合わないなと思ったら採用しません」

周囲からいろいろなアドバイスをもらうこともあると思いますが、それが自分に合うかどうかはやってみなければわかりません。

何かアドバイスをもらったら、一度は素直にやってみるといいでしょう。でも、やってみてしっくりこない場合にはやめてもいいのです。**自分が取り組みやすいかどうかが、合否や点数にも影響します。**

学生時代から、まるで遊びのようにしてフォトリーディングを習っておくと、社会人になっても勉強することに抵抗感がなく、いろいろなことを柔軟に吸収できます。その意味では、早く身につけておくと有利といえますね。

限界を超えて圧倒的な結果を出す

フォトリーディングで、難関資格に合格する

国家公務員　専門職　筒美圭史さん（仮名）

PROFILE
1965年生まれ。大学卒業後、学校の教員になる。国家公務員への夢をあきらめられず、試験を受け合格。多忙な様子を見ていた奥様にすすめられ、フォトリーディングをマスターした愛妻家。

職業にもよりますが、昇格するために試験をクリアしなければいけなかったり、資格を取得しているほうが、キャリアに有利に働くということがありますね。

筒美さんは、国家公務員として勤務しながら、フォトリーディングを駆使して有名大学大学院に合格しました。

この経験を生かし、その後、通常合格までに10年かかるといわれるほどの難関な専門職試験にも1年で合格。上司も驚嘆するような成果だったといいます。

その後、日々の業務に追われながら、さらに超難関試験を受けることになり、フォトリーディングを活用。同期250名のうち、全員が受けても合格して昇格できたのは2人だけ、その試験に1回で受かったのは筒美さんだけという結果を残し、現在では圧倒的なキャリアを築いています。

「もしフォトリーディングを知らなければ、日々仕事のストレスで身体がボロボロになっていたかもしれません。でも、フォトリーディングがあるから大丈夫です」と語る筒美さん。

本章の後半では、筒美さんの実践法を紹介しながら、フォトリーディングを用いた難関資格で結果を出すための勉強法、周囲に認められる仕事術やプレゼン術などを明らかにしていきます。

100%の力を出しきる

悔いが残らないほど反復する

働きながら難関試験や昇格試験にチャレンジするのは、とても大変なことです。限られた時間のなかで、筒美さんは、どのような試験対策をしたのでしょうか。

「昇格試験を受ける際は、膨大なテキストから勉強しないといけなかったのですが、ちょうど大学院の論文を書く時期と重なったんです。

最初はまわりと同じように勉強していましたが、当時は平均睡眠時間が1〜2時間の激務。まわりと同じような勉強法では無理だと悟りました。

目を閉じかけても、できるのがフォトリーディング。それで、ひたすらフォトリーディングをして勉強しました。
試験の範囲が膨大すぎて、まわりの人たちはヤマをはって試験に臨んでいましたが、私は、せっかくフォトリーディングがあるんだからと、とりあえずすべて潜在意識に入れることに。朝にステップ3のフォトリーディングを行ったら、次は寝る前にもう一度それを行う。それを毎日繰り返しました。マインドマップも併用したところ、試験はうまくいきました」

時間がないなかで最大限の力を発揮するにはフォトリーディングとマインドマップをかく作業、見直す作業の繰り返しが有効です。本章前半で紹介した山口さんと同様、ひとまず資料やテキストをすべて潜在意識に入れてしまうというのはいいですね。

激務のなかで勉強するのは、とてもハードです。

でも、**「これ以上はできない！」と言えるほど力を出しきってみたという経験は、自分の殻を破ることにつながります。**超難関試験に合格する人たちは、筒美さんと同じように、100%の力を出しきっているという特徴があります。

自分はできると信じる

アファーメーションは信じきって使う

強い志がなくては、働きながらの試験には挫折してしまいがちです。筒美さん自身も、ストレス過多の日々のなかで、もうダメだと思ったときもあるでしょう。いったい、どんなふうに自分を奮い立たせてきたのでしょうか。

「自分のやってきたフォトリーディングを『大丈夫なんだ』と信じる。そして、自分を信じる。『イエス、アイキャン』ですね。

苦労はしてきたけれど、それを乗りきってきたという自信もあります。この積み

重ねで『できるんだ』と思えるようになりました。
でも、じつはフォトリーディングを身につける前は、『自分はダメだ、何をやっても続かないし……』と自信がありませんでした。どうせできないからと、最初から挑戦しないところもありました。
それで、自信をつけるために、『イエス、アイキャン』というアファーメーションを、緊張時に唱えるようにしたのです」

肯定的な自己宣言である「アファーメーション」は信じきって使うと効果があります。「効いたらいいね」ではなく、「当たり前に効くものだ」と信じて使うのがコツです。

自信をつけたいときには、フォトリーディングと、アファーメーションは、セットにして使いましょう。

私の友人で、折に触れて「私は天才」とにっこり言う人がいます。困難なときにもそう思って臨むのです。もちろん天才ですから（笑）思いもよらないアイデアで解決策を思いつくときがあるそうです。口癖はあなどれないのです。

やらなくてはならないことには「快」のある目的をもつ

乗り気でないものほど、短期集中で終わらせる

合格するのに十数年かかるといわれている試験をあなたは受けようと思いますか？　私は受けたくありません（笑）。

長期戦になる可能性の高い試験の勉強をするとき、どんなふうにやる気を発揮すればいいのか、気になりますね。筒美さんの場合は、なんと「1回で合格したほうがラク」という思いで勉強していたそうです。

「『長期戦になるからこそ、誰よりも早く受かりたい』『1回で合格してしまったほ

うが、自分自身もラク』という思いがありました。そのために、限られた時間のなかで、フォトリーディングを活用して、乗り越えました。
長期戦というだけでストレスが倍増します。
試験は全員毎年受けなければいけないのですが、何回も試験を受けたくないので、『早く成果を出したい』『試験に受かることによって、また次の世界に進みたい』と、できるだけ合格したあとの『快』、試験から解放されたときの『快』にばかり目を向けました。結果、1回で受かったのは私だけで、250人の同期のうち、合格して昇格できたのは2人だけです」

やらなくてはいけないことに取り組むとき、ついダラダラしてしまううえ、「快」がない目的にしていると、挫折率がぐっとアップしてしまいます。それではいつまでも終わりません。100ページでも解説しましたが、好奇心は大切です。

好奇心が湧かないときはあえて、**乗り越えたあとにどんなうれしい未来が待っているのかという「快」に焦点を絞りましょう。**嫌なことであればあるほど、短期間で終わるように集中して行うのがおすすめです。

突発的なことにはフォトリーディング＋簡単マインドマップで対応する

外してはいけないところだけでもマインドマップにまとめる

急な依頼や、突発的な出来事が起こったとき、焦ってミスをするというのは誰にでも起こりうることです。

ところが、筒美さんは仕事上でパニックになることはないと、断言しています。

「仕事ではパニックになることはありません。たとえば会議の1～2時間前に、『これからちょっと発表して』といきなり言われたとき、普通なら『えぇ～っ!?』と焦ってしまいますが、そこはフォトリーディングで資料を読んで、マインドマップで自

分の言いたいことをパーッとまとめて発表します。Ａ３の白紙に黒ペンでマップをかくことが多いですね」

「マインドマップはカラーペンでかかないと効果がないのですか？」と質問されることがあるのですが、黒ペンでもＯＫです。カラーペンでは目立ちすぎてしまう場合には、黒一色でかくこともあります。

マインドマップをかくときのポイントは、すべてかくのか、重要な部分だけかくのかを、まず決めること。重要な部分というのは、本や資料でいえば、太字や下線、色文字になっている部分のことをいいます。**すべてかくのか、重要部分だけにするのかは、それに使える時間によって決めましょう。**

また、マインドマップは、かく際に時間はかかりますが、脳にとっては記憶にとても残りやすくなるのでおすすめです。

ここだけは絶対外してはいけないということは、かならずかくといいですよ。

脳が整うルーティンをもっておく

本番前に実践すれば、落ち着いて臨める

試験を受けるときには、本番で力を発揮できることが一番です。うまくいく人たちは、確実に結果を出せるよう、本番に強くなるための方法をもっているものです。筒美さんは、どんなことをしていたのでしょうか。

「教わったとおりにトイレでキュキュキュとブレインボタンを押しました。試験がはじまる前はみかん集中法をしました。こういった本番前のルーティンは、ぜひしたほうがいいと思

います。

試験がはじまったら、試験問題をフォトリーディングしました。2時間の試験ですが、だいたい1時間くらいで解答できました。やるといいと言われているあらゆることをしたことで、『ベストを尽くした』と思うことができました」


フォトリーディングのような秘策を手に入れても、やってきたことをしっかり復習して愚直に手を抜かないことが大切です。そんな人に神様は微笑みます。

みかん集中法は、どこでもすぐに集中できる方法です。ある人は、「今日のテストはなんだか答えが出てこない」と困っていたとき、「あ、みかん集中法を忘れていた！」と気づいてすぐに実践。すると、スムーズに答えが出てきたそうです。

簡単ですぐできる脳の活性化法を数種類知っていれば、緊張しやすい場面でもすぐに実践できます。お守りがわりにもっておくと、本番に強い人になります。

化ける人たちは、本番に強いのです。

おわりに

本書を最後までお読みいただき、ありがとうございます。私は、この世に生を受けたからには、もてる能力は発揮したいと願う人のお役に立ちたいと思って、フォトリーディングを伝え続けてきました。５７００人以上の人に伝え続け、フォトリーディングが、人に内在する能力を引き出すことができることを確信しています。

ただ、フォトリーディングというスキルは、決して魔法ではありません。この本を読んで終わりにするだけでなく、実践してほしいのです。

「行動を起こさなければ、人生は１ミリも変わらない」と私はいつも言い続けています。大量の本を読んで知識は増えても、使わなければ、やはり意味はありません。行動だけが未来を変えるきっかけをくれます。この本に登場されたみなさんのように、自分を静かに深く信頼して、あなたらしい方法で行動を起こしてください。

私は心から応援しています！

最後に、5700名の受講生のみなさまの存在があってこそ、この本は生まれました。ありがとうございます。登場していただいた柳町正樹さん、前田旭さん、緒方博行さん、高田敏志さん、遠藤郁子さん、伊関あゆみさん、戸田久実さん、丹有樹さん、山口祐加さん、筒美圭史（仮名）さんに、心より御礼申し上げます。惜しみなく知恵を公開してくださるみなさんのそのお心に、敬服しました。

そして、推薦をくださった佐々木常夫さん、フォトリーディング開発者のポール・R・シーリィ博士と奥様のリビーさん、リネット・アイレス先生、神田昌典さん、石ヶ森久恵さん、インストラクター仲間のみなさん、出版のご縁をつくってくださった岩谷洋昌さん、宝島社の宮下雅子さん、本の編集に多大なる尽力をいただいた星野友絵さん、小齋希美さん、垣内栄さんに深く御礼申し上げます。今後も私はフォトリーディングを通して、「自らの可能性を信じ、能力を開花させる人を創造する道」を歩み続けていきます。

これからもよろしくお願いいたします。

2017年7月　山口佐貴子

著者略歴

山口 佐貴子（やまぐち・さきこ）

ラーニング・ストラテジーズ社公認フォトリーディング®シニアインストラクター、ラジオパーソナリティー、株式会社尽力舎代表取締役
2001年にフォトリーディング集中講座を受講し、苦手だった本がスラスラ読めるようになる。受講を機に、速読のみならず、仕事の効率化や、経営面で大きな成果をあげたことに感銘を受け、2002年にインストラクターとなる。
自身が主催する講座は15年以上満席で、国内外から受講生が集まっている。近年はアジア地域でもインストラクターとして登壇し、受講生は5700名に及ぶ。その実績を認められ、2017年に世界で初めてのフォトリーディングシニアインストラクターに任命された。
著書に『勉強も仕事も時間をムダにしない記憶術』（大和書房）、『超一流の人がやっているフォトリーディング速読勉強法』（かんき出版）、共著書に『考える力がつくフォトリーディング』（PHP 研究所）がある。

山口佐貴子 ホームページ
http://www.yamaguchisakiko.jp

フォトリーディング・プレミアム講座
http://www.10sokudoku.jp/

フォトリーディングのスキルについて、さらに詳しく知りたい場合には『あなたもいままでの10倍速く本が読める』ポール・R・シーリィ著（フォレスト出版）をご参照ください。

参考文献

『新版 あなたもいままでの10倍速く本が読める』ポール・R・シーリィ著（フォレスト出版）
『何歳になっても脳は進化する！　冴える、わかる、はかどる！』林成之著（三笠書房）
『ナイトサイエンス教室』村上和雄著（徳間書店）
『天才！　成功する人々の法則』マルコム・グラッドウェル著　勝間和代訳（講談社）
『天才を考察する』デイヴィッド・シェンク著　中島由華訳（早川書房）

才能が目覚める
フォトリーディング®速読術

2017年 9 月 9 日　第1刷発行

著　者　山口佐貴子
発行人　蓮見清一
発行所　株式会社宝島社
〒102-8388　東京都千代田区一番町25番地
電話［営業］03-3234-4621
　　［編集］03-3239-0927
http://tkj.jp

印刷・製本　サンケイ総合印刷株式会社

Printed in Japan
ISBN978-4-8002-7527-1